地理了亲 ②

学科阅读推广工程

甄鸿启 主编

本册主编：王志先　王博韬
编写人员：苏　珊　姜　黎　徐双成
　　　　　王　欢　刘　仙　刘　正
　　　　　李　卫　贾笑玲

山东城市出版传媒集团·济南出版社

以阅读拓展地理课堂　用阅读提升学科素养
（代序）

面对一幅幅地图，你是否产生过造物主般坐拥世界的激昂？阅读一篇篇游记，你可曾生发出身临其境般美妙的心灵悸动？这个世界很大，大到我们需要用一生去游历；这个世界很小，小到一本书就足以囊括所有的美好。

近年来，学科阅读的概念越来越受到重视。以教材为起点，引入丰富的相关文本，拉近课堂与课外的距离，拉近阅读与学习的距离，能使课堂变得更富有张力和活力，形成对课堂的深度学习，构建起学科思维和学科素养，并进一步拓宽学科视野与探究能力。

在此背景下，我们经过深入调查研究，认真总结分析，反思教材，反思教学，组织力量编写了这套《地理来了》。旨在引领初中生品读自然、感悟人文：读自然，就是品味世界的山水草木、风霜雨雪；读人文，就是感悟世界的文化民俗、发展历程。自然与人文体现着地理学的差异与综合，读地理，就是认识我们生活的世界。

《地理来了》的选材源于生活，又不仅限于生活；欣赏自然，又不满足于欣赏。它针对我们生活的方方面面，运用地理视角呈现自然与人文景观、文化和民俗特色，探究已知地理规律的运作原理，揭秘未知地理奇观的前世今生，在承继教材脉络、引申无限探索的同时，为地理学习备足了独立思考、拓展延伸的发散空间。

苏霍姆林斯基曾说过："让学生变聪明的方法，不是补课，不是增加作业量，而是阅读，阅读，再阅读。"相信聪明的您一定能从这套《地理来了》的阅读中，感受到地理学科的丰富多彩、生动有趣，让自己的地理学习之旅走得更有效、更坚实、更宽广。

目 录

一 神秘的玛雅
丛林中的神话：失落的玛雅文明 …………………… 1
遗迹寻踪：玛雅，去哪儿了？ …………………… 3
另类的遗产：舌尖上的玛雅 …………………… 5

二 东非高原上的远征军
启程：东非动物大迁徙 …………………… 8
旅途：行摄非洲草原动物大迁徙 …………………… 10
高潮："天国之渡" …………………… 11

三 南北磁极将对调？
巨大的磁体——地球 …………………… 14
地磁场倒转 …………………… 15
地磁场活动与人的梦境 …………………… 16

四 背起背包闯欧洲
欧洲旅行时间表 …………………… 19
饕餮玩家的欧洲美食地图 …………………… 21
欧陆经典建筑风格全接触 …………………… 23

五 中亚的复苏
忧愁的腹地 …………………… 27
走廊的和谐之道 …………………… 28
丝路新篇章 …………………… 30

六 世界的"火药桶"

"地利"之忧 …………………………………… 32
石油"有罪" …………………………………… 33
生命之"水" …………………………………… 34

七 阳光天堂

漫步地中海 …………………………………… 38
水城故事多 …………………………………… 40
阳光沙滩 ……………………………………… 43

八 穿行北极圈

北极极光盛景 ………………………………… 46
一路向北的挪威 ……………………………… 47
极圈火岛 ……………………………………… 49

九 地球之"伤"

地球表皮上的大伤痕 ………………………… 53
裂谷带上的文明发祥地 ……………………… 55
裂谷的另一面 ………………………………… 57

十 "牛羊成群"的撒哈拉

沙漠之最 ……………………………………… 61
"沙漠壁画"之谜 ……………………………… 63
沙漠变粮仓 …………………………………… 65

十一 世界最大的淡水湖群

冰去湖来 ……………………………………… 68
湖群的馈赠 …………………………………… 69
五大湖自我"洗肺" …………………………… 71

十二 "地球之肺"

肺：活力无限 ………………………………… 74

刀斧之工，切肺之痛 …………………………………… 76
　　如果地球失去了"肺" …………………………………… 78

十三　一起去看美国职业篮球联赛
　　队名寻踪 ………………………………………………… 82
　　移民文化的滋养 ………………………………………… 84
　　美职篮经济学 …………………………………………… 85

十四　战斗的民族——俄罗斯
　　彪悍的民族，忧郁的文化 ……………………………… 89
　　严寒气候的三次拯救 …………………………………… 91
　　俄罗斯的"十字架" ……………………………………… 92

十五　"呆板"而浪漫的德国
　　盛产哲学家的国度 ……………………………………… 96
　　世界机械制造的巅峰 …………………………………… 98
　　德意志的狂欢 …………………………………………… 99

十六　前进吧，新加坡
　　绿意狮城 ………………………………………………… 104
　　新加坡的秘密武器 ……………………………………… 106
　　小国家，大经济 ………………………………………… 108

十七　屎壳郎留洋
　　"孤悬海外"的动物王国 ………………………………… 112
　　两个"外来户" …………………………………………… 114
　　昔日流放地，今日移民国 ……………………………… 115

十八　喜山南边的宝莱坞
　　不可思议的印度 ………………………………………… 119
　　千年的种姓制度 ………………………………………… 121
　　造梦工厂宝莱坞 ………………………………………… 123

一 神秘的玛雅

玛雅，它以雄厚的历史基础，书写下千年的预言；它以神秘的建筑遗迹，铸就了辉煌的文明！

玛雅，它以与众不同的方式诞生，在热带雨林中崛起；它遭受迅雷不及掩耳的毁灭，神秘文明顷刻崩塌……

玛雅，在那个没有金属工具和精密运输仪器，仅仅采用新石器生产工具的时代，靠什么使高耸的金字塔神庙、庄严的宫殿和天文观象台拔地而起？

玛雅，到底在哪儿？它究竟创造出了怎样灿烂辉煌的文明？

玛雅，去哪儿了？这样一个强大的文明，为什么一夜之间从地球上蒸发？

主题阅读

丛林中的神话：失落的玛雅文明

玛雅文明是中美洲古代印第安人文明，主要分布在现今墨西哥东南部、危地马拉、洪都拉斯、萨尔瓦多和伯利兹国家。玛雅文明约形成于公元前2500

博南帕克壁画

年，公元前400年左右建立了早期奴隶制国家，公元3—9世纪为繁盛期，15世纪开始衰落，最后被西班牙殖民者摧毁，此后长期湮没在热带丛林之中。

据美国考古学家哈蒙德的划分，玛雅文明分为前古典期、古典期、后古典期3个阶段。前古典期（约前2500—250），玛雅文明形成期；古典期（约250—900），玛雅文明进入兴盛期；后古典期（约1000—1520），玛雅文明有浓厚的墨西哥风格。

玛雅文明基本上属于新石器时代和铜石并用时代，工具、武器全为石制和木制，黄金和铜在古典期末期才开始使用，一直不知用铁。农业技术简单，耕作粗放，不施肥，亦无家畜，后期有水利灌溉。手工制品有各种陶器、棉纺织品等。不同村落和地区间有贸易交换关系。玛雅人的建筑技术达到古代世界难以企及的高度，能对坚硬的石料进行雕镂加工。其建筑以布局严谨、结构宏伟著称，金字塔式台庙内以废弃物和土堆成，外铺石板或土坯，设有石砌梯道通往塔顶。其雕刻、彩陶、壁画等皆有很高的艺术价值，著名的博南帕克壁画表现贵族仪仗、战争与凯旋等，人物形象千姿百态，栩栩如生，是世界壁画艺术的宝藏之一。

玛雅文明的天文、数学达到很高的

阿兹特克太阳石

成就。通过长期观测天象，玛雅人已掌握日食周期和日、月、金星等运行规律，约在前古典期之末已创制出太阳历和圣年历两种历法。前者一年13个月，每月20天，全年260天；后者一年18个月，每月20天，另加5天忌日，全年365天，每4年加闰1天。每天都记两历日月名称，每52年重复一周，其精确度超过同代希腊、罗马所用历法。数学方面，玛雅人使用"0"的概念比欧洲人早800余年，计数使用二十进位制。玛雅文明的另一独特创造是象形文字体系，其文字以复杂的图形组成，一般刻在石建筑物如祭台、梯道、石柱等之上。当时还用树皮纸和鹿皮写书，内容主要是历史、科学和仪典，至今尚无法释读。

玛雅人的天文台常常是一组建筑群。从中心金字塔的观测点往庙宇的东面望去，就是春分、秋分的日出方向；往东北方的庙宇望去，就是夏至的日出方向,往东南方的庙宇望去,就是冬至日出的方向。像这样的天文台有好几处,最负盛名的是奇琴伊察天文台。

这座天文观象台是玛雅文化中唯一的圆形建筑物,螺旋塔的中心是空心的泥石结构,塔内有一道螺旋形楼梯直接通往位于塔顶的观测室,室中有一些位置准确的观察孔,供祭司向外观测。通过这些孔,祭司可以十分准确地算出星辰的角度。天文台的周围地势平坦,从北面窗口厚达3米的墙壁所形成的对角线望去,可以看到春分、秋分落日的半圆;而南面窗口的对角线,又正好指着地球的南极和北极。奇怪的是,天文台的观察窗并不对准夜空中最明亮的星星,却对准肉眼根本无法看见的天王星和海王星。在天文学历史上,天王星是1791年发现的,海王星是1846年发现的。难道说在1000多年前,玛雅人就已经知道了它们的存在吗?

遗迹寻踪:玛雅,去哪儿了?

玛雅文明曾是地球上最灿烂的同时也是最神秘的文明之一。科技与文化的高度繁荣,曾经为玛雅人带来不可估量的财富与权力,他们留给世人的遗迹也让后人研究不辍。玛雅人既然在许久以前就创造了灿烂的人类文明,那么现代的人类文明为何又失去了玛雅人的行踪呢?玛雅人这种"从天而降"的文明现象,为何像一场刚刚演出序幕就已结束的历史剧呢?玛雅人为何突然背弃文明,又回归原始呢?

公元9世纪,玛雅文明开始衰落,文字失传,使玛雅文明成为一段湮没的

伊察天文台

历史,令人充满疑惑,同时激发了人们探寻答案的热情。

玛雅文明遗址

公元830年,科班城浩大的工程突然宣告停工。公元835年,帕伦克的金字塔神庙也停止了施工。公元889年,提卡尔正在建设的寺庙群工程中断了。公元909年,玛雅人最后一个城堡,也停下了已修建过半的石柱。散居在四面八方的玛雅人,好像不约而同地接到某种指令,他们抛弃了世代为之奋斗追求、辛勤建筑起来的营垒和神庙,离开了肥沃的耕地,向荒芜的深山迁移。玛雅人抛弃自己用双手建造起来的繁荣城市,却要转向荒凉的深山老林,这种背弃文明、回归蒙昧的做法,是出于自愿还是另有其他原因?

史学界对此有着各种解释与猜测。譬如说:外族侵犯、气候骤变、地震破坏、瘟疫流行,都可能造成大规模的集体迁移。然而,这些假设和猜测都是缺少说服力的。首先,在当时的情况下,南美大陆还不存在一个可以与玛雅对抗的强大民族,因此,外族侵犯之说就站不住脚。气象专家几经努力,仍然拿不出公元8—9世纪南美大陆有过灾难性气候骤变的证据,同样,玛雅人那些雄伟的石构建筑,有些已倒塌,但仍有不少历经千年风雨仍然保存完整,因此地震灾难之说可以排除。

玛雅彩陶

现在,比较普遍的说法是环境变化制约了玛雅人,一个解释是玛雅人口增加,对自然资源的需求加大,演成了生态灾难;另一解释是天气持续干旱,玛雅人的生路断绝,有人宣称已经从历史气象资料里找到了支持此说的证据。放弃后,不少城邦都曾经再度使用,有的再放弃、再使用不止一次,有的延续到16世纪西班牙人入侵时,我们今天看到的城邦遗址有的则是后古典时期兴建的。

墨西哥的天空很蓝,天空下展开无际丛林,乡间道路泥泞,树林浓密,山峦起伏,海岸蔚蓝。关于发源于那里的玛雅文明,人们最爱说"神秘消失",其实玛雅人从来也没消失过。这块土地上的人民主体不曾改变。

(作者:张小路;选自《文明》2009年第1期)

另类的遗产:舌尖上的玛雅

不管你意识到与否,其实我们的生活在很多方面都受到了玛雅人以及玛雅文明的影响,不管是牛油果还是巧克力,咖啡还是辣椒,最初都来自玛雅人。下面我们一起去墨西哥看看,都有哪些美食来自最传统的玛雅文明吧!

一、巧克力

大约3000年前,美洲的玛雅人就开始培植可可树,他们是最早取出可可豆再烘烤制成巧克力的人。玛雅人制作的巧克力并不像如今巧克力的模样,也没有添加任何的糖和牛奶。相反,他们将巧克力作为祭奠用的灵药,其味道还可以振奋人们的精神。

西班牙人在16世纪侵占了玛雅人的土地后,将可可制成了饮料,并添加了糖和牛奶,使其滋味更加甜美。

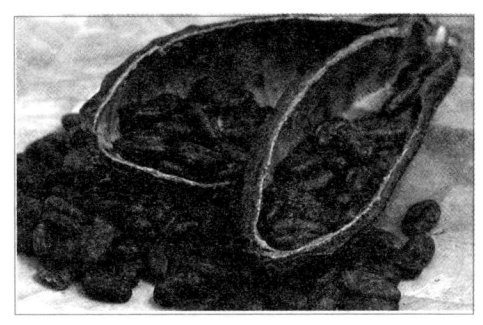

巧克力

对于玛雅人来说,可可不仅是上帝恩赐的礼物,可可豆也是当时玛雅人的货币。

二、鳄梨与鳄梨酱

鳄梨原产于墨西哥南部和危地马拉,其丰富的口感和奶油般的质地深受大众喜爱,也是玛雅人珍爱的农作物。因为在粮食歉收时节,人们依靠食用鳄

鳄梨与鳄梨酱

梨渡过了难关,即使时至今日,安提瓜危地马拉人仍称其为"panza verde"或"绿肚子"。

鳄梨与辣椒、大蒜、香菜、洋葱和酸橙汁或柠檬汁调和在一起,就成了鳄梨调味酱,是一种开胃食品。

三、玉米饼

玛雅创世纪神话中认为人是由玉米面团做的,这也成了玛雅饮食文化的基本元素。热腾腾的玉米饼从烤盘上端下来,吃上一口绝对让你满意十足,伴以危地马拉黑豆,加上一层鳄梨调味酱,那就再理想不过了。现在烤玉米或煮玉米是墨西哥街边常见的小吃,小贩在新鲜出炉的玉米棒上浇上奶油、洒上奶酪粒后,绝不会忘记抹上厚厚一层辣椒酱。

四、玉米粉蒸肉

要想体验玛雅人的生活饮食,不尝试一下玉米粉蒸肉就不算完整。玉米粉蒸肉的制作过程是,将玉米粉加以大量的鸡肉、猪肉、蔬菜、奶酪,卷在玉米硬壳或香蕉或芭蕉叶子之中,然后蒸制而成。另外,一些玉米粉蒸肉还用水果或其他甜食做馅儿。

在西班牙人入侵之前,玉米粉蒸肉就是玛雅节日庆典和纪念活动的主要饮食,这甚至在古玛雅象形文字和发掘出的文物中早有记载。

玉米粉蒸肉

拓展提升

在玛雅文明昌盛的前期,世界并非一片死寂。公元前5000—公元前3000年,人类已在尼罗河流域、印度河与恒河流域、两河(幼发拉底河、底格里斯河)流域以及黄河与长江流域先后建立起世界四大文明古国,堪称人类文明的奇迹。但世事沧桑变幻,古埃及终被阿拉伯人占领并阿拉伯化,至12世纪普遍使用阿拉伯语、皈依伊斯兰教,延绵数千年的古埃及文明被阿拉伯文明取代;古巴比伦王国在汉谟拉比统治时期达到全盛时期,之后受到赫梯人、加喜特人的入侵，帝国迅即瓦解；古印度文明也在先后经历了雅利安人入侵、孔雀王朝覆灭之后最终归为沉寂……

思考：为什么玛雅以及世界其他古老文明都在历史的洪流中消失覆灭，唯独中华文明历尽坎坷而最终流传下来呢？

延伸推荐

1.《图说天下·探索发现系列：古玛雅密码》，王文奇、泽安编著，北京联合出版公司2013年；关键词：探秘，发现。

2.《图说天下·国家地理系列：失落的文明》，《图说天下·国家地理系列》编委会编，北京联合出版公司2012年；关键词：梦幻之旅，文化透析。

3.《探寻古文明丛书：探寻玛雅文明》，[美] 林恩·V.福斯特著，王春侠译，商务印书馆2007年；关键词：文明始末，遗址，谜团。

二 东非高原上的远征军

你是否见过朝圣的教徒不畏坎坷，向着心中的圣地迈步？你是否留意过时钟分毫不差的节奏，笃定而不停歇地前进？在遥远的非洲，有这样一支队伍，其成员数以万计，其组织杂而不乱：它们，像朝圣者般虔诚，不惜千山万水、长途跋涉，不惜临危渡险、矢志不渝；它们，像定时钟一样忠实，坚持年复一年、绝不失约，坚持前赴后继、一往无前。风能止，雨能息，前蹄后脚不能住！没有强劲的武装，没有惬意的谈笑，甚至连气馁的机会都没有，有的只是自然法则——最自然而然的残酷、最弱肉强食的生存法则！它们，再朴素不过——角马，斑马，瞪羚；它们，需求很简单——青草，青草，青草……请看，这些令人敬畏的生灵，怎样筚路蓝缕，用血肉之躯完成伟大的迁徙！

主题阅读

启程：东非动物大迁徙

在东非坦桑尼亚和相邻的肯尼亚之间，每年有超过100万头黑尾牛羚、15万头斑马和35万头瞪羚来回迁徙：先是从原本散居的塞伦盖蒂草原南部不约而同地辗转来到邻国肯尼亚的马赛马拉草原，但面积只有塞伦盖蒂约1/8的马赛马拉草原并不足以维持过百万头外来动物的生活，于是在马赛马拉生活一两个月后，于十一月短雨季来临前，动物又千里迢迢地折返，重回塞伦盖蒂草原，开始一个新的迁徙——如此循环往复，年复一年，周而复始。有人计算过，动物在一年中共会行进3000千米，途中危机四伏，历尽生老病死：有多达一半的牛羚会在途中被猎食或因体力不支而死，但同时间亦有约40万头牛羚在长雨季来临前出生，为无休止的艰苦旅程增添生气。

东非动物大迁徙又经常被称为角马大迁徙，因为俗称角马的黑尾牛羚和斑马的队伍是百万迁徙大军的主角。这两种动物感情甚笃，总是共同行动，同进同退,如同盟军——原因是它们之间要"互补":二者的共同点是防卫能力差,面对敌人的唯一办法就是奔跑;但它们又各有缺陷,斑马的视力好,但鼻子不好使,只能发现远方的敌情,而对于埋伏在附近草丛及灌木中的天敌却浑然不觉;角马恰好相反,眼睛不好使,鼻子却格外灵敏,能预警附近埋伏之敌。于是,双方就很默契地成为草原上的一对天然朋友,一个眺远、一个警戒近处,配合得恰到好处。爱吃长草的草原斑马是大迁徙大队的先锋,由它们率领着百万动物大军——它们凭借锋利的牙齿,把草茎顶部切割下来慢慢咀嚼,剩下草的底部给跟随其后爱吃短草的牛羚。牛羚吃饱离开后,草地上出现崭露头角的嫩草,恰好是走在后面的瞪羚的美食。身材瘦小的瞪羚是大迁徙中的"弱势群体",它们只能靠灵敏的听觉和视觉,一发现什么异常情况就狂奔而去——速度快得惊人。

这样的大迁徙每年都会发生(更贴切的形容是没有开始也没有完结),但每年迁徙路线都会有所不同,甚至出现动物未走到马赛马拉便折返回头的情况。要事先准确预测动物群落出现的时间和地点是件很困难的事情,毕竟背后推动这种大迁徙的动因是愈来愈变幻无常的天气。例如,2001年的大迁徙便完全不按章法:第一,动物以逆时针行

非洲动物大迁徙

进；第二，只有约20%的动物抵达马赛马拉；第三，动物9月才到达马赛马拉，但9月末已开始返回塞伦盖蒂。

旅途：行摄非洲草原动物大迁徙

生命，是非洲草原动物大迁徙的永恒主题。数百万计的角马和斑马浩浩荡荡，追随着雨水和嫩草长途迁徙至此，期间更是需要逃生于食肉动物的追随捕杀、马拉河汹涌河水以及潜伏四周的种种危险。滚滚而来的蹄声和漫天扬起的尘土，万"马"奔腾的壮观场景最好地诠释了它们对于生命的渴望。

低角度仰拍金黄色草原上的斑马

冷峻的眼神、满嘴的鲜血，食肉动物用自己的速度和力量演绎着大草原上每天的生死对决，享受着一年一度的丰盛大餐季节。狮子、猎豹、花豹、鬣狗、秃鹫、鳄鱼，这些食物链顶层的统治者们用赤裸裸的杀戮讲述着草原上弱肉强食、适者生存的不变真理。

在众多位于东非的国家公园中，尤以肯尼亚境内的马赛马拉最为著名，这一片广袤的东非大草原上栖息着百万计的野生动物，是世界上大型哺乳动物密度最高的地方，每年6—9月份，百万角马斑马聚集迁徙并横渡马拉河更是磅礴壮观，其气势让人唏嘘不已，回味终生。

在马赛马拉国家公园，可乘坐热气球观赏野生动物迁徙

每天的清晨时分和日落黄昏都是草原上最热闹的时候，狮子、猎豹、花豹、鬣狗等主要猎手在休整了大半天之后，纷纷外出觅食，施展绝杀本领。而此时柔和的光线将草原染上一层金黄色，看似安静柔和的光线环境下却四处杀机。清晨，猎豹三兄弟正在草原上行进，从它们腹部大小可以判断出还没有进食。20分钟后，猎豹三兄弟开始匍匐靠近一队前行的角马群，距离角马越来越近的猎豹突然箭一般蹿出，三只猎豹分头进攻，直取角马群中的弱者。瞬间，尘土飞扬，一片混乱……

二 东非高原上的远征军 011

橙红夕阳下的一对长颈鹿夫妇

除了角马、斑马和食肉动物外，其他草原动物也同样吸引眼球。大到长颈鹿、非洲大象，小到猫鼬、松鼠，或是树林中的各种鸟类，都是草原上动物大片的主角。这些优雅的食草动物也时常会展示出精彩温馨的场景，让游客们感动惊叹，比如雄性长颈鹿之间的看似紧张激烈的吻颈行为，或者是斑马三三两两相互依偎在一起的场景。

在这里，人与动物的距离可以如此亲近，如此和谐。就像谈恋爱每天都是美好的心情一样，每次在草原上寻找拍摄动物都会体验到不同的感受，领略大自然的奇迹，等待更多的惊喜。

（作者：徐征泽；选自《世界博览》2012年第16期）

高潮："天国之渡"

非洲草原上动物大迁徙最惊心动魄的一幕发生在肯尼亚境内马赛马拉国家野生动物保护区号称"鬼门关"的马拉河区域——这是迁徙的唯一通道。

"马拉河之渡"又称"天国之渡"，数以百万计的野生动物在狭小的河口你推我拥，滚滚而来的蹄声和漫天扬起的

角马横渡马拉河

尘土，万"马"奔腾的壮观场景最好地诠释了它们对于生命的渴望。

起先，渡河的角马、斑马在过河前会先在马拉河一带聚集，等待所有眷属和群族集齐，才决定向草原进发的时间。但随着越来越多的种群到达，狭窄的马拉河河口已不可能完全容纳它们，拥挤中，站不稳脚的幼小、年老或生病的动物便会相继倒进河中。于是，大部队往往不得不提前开始渡河。而在河中，一大群等了一整年、如狼似虎的鳄鱼早已准备好要享用美食了……

东非的鳄鱼都是大号的尼罗鳄，块头3米以上，体重1吨左右——差不多就是一小轿车！别看它们平时呆呆傻傻、动也不动，可是在马拉河里绝对是它们的天下。当角马拥挤地渡河时，巨大的动静早已惊醒了附近伏击的鳄鱼，很快它便潜入水中不见踪影，再次看到的时候，它已经死死咬住角马头，一只只角

鳄鱼偷袭角马

马就这样溺水身亡了。鳄鱼无法将角马整个吞入，也没有咬碎撕裂的犬齿，所以只有通过大力甩动角马尸体，使之分开，然后再一块块吞入。这幅场景真是惨烈异常……面对如此凶险的旅途，动物们只能硬着头皮、踏着正在挣扎或早已死去的同伴的身体，急速快步冲过河去。

而在逃过鳄鱼的围捕之后，还有最后一关：上岸。角马队伍在奋力游过马拉河之后，还不能松懈，必须一鼓作气爬上土坡到达另一边。这上坡可不容易，开始的队伍还好些，因为那时土或者石块比较干；后来的大部队上岸时，石块和土坡已经泥泞不堪，一些石块沾上水后异常滑，会使许多角马、斑马摔倒、重新跌落河中……

在肯尼亚，目睹过迁徙大军那撼人心魄的图景，感受过大迁徙史诗般的气息之后，不得不赞叹：迁徙，是生存，更是发展；迁徙，是磨难，更是竞争！没有大迁徙，东非的动物王国就不会有今天这样兴旺。看着动物的大迁徙，更使人想到人类自身，想到千万年的人类发展史。在享受过一切现代文明带来的愉悦后，去非洲经历一场充盈原始气息的旅程吧。

拓展提升

12月到次年5月：动物散布在从塞伦盖蒂国家公园东南面一直延伸到恩戈罗戈罗自然保护区的草原上，丰沛的雨水提供了充足的食物。

5月底：旱季来临，向塞伦盖蒂西北面迁徙，追逐青草和水源。

6月：动物哺乳期，几十万角马在迁徙路上降生。

7、8月：持续干旱令动物纷纷越境，穿越马拉河，来到马赛马拉，一直待到9月。

10月：塞伦盖蒂草原在雨水滋润下开始返青，而面积远小于塞伦盖蒂的马赛马拉并不足以维持数百万外来动物的生活。动物们从东线南迁到塞伦盖蒂，回迁一直持续到11月。

12月：动物回到故园，休养生息、繁殖后代，补充途中丧失的大量同类。

思考：12月到次年5月，塞伦盖蒂草原有丰沛的降水，此时马赛马拉草原有何不同？造成这种差异的原因是什么？试从"地球的运动"的角度分析，动物进行大规模的迁徙与回迁的根本原因是什么？

延伸推荐

1.《美国国家地理：动物大迁徙》，[美]科斯蒂尔著，钟慧元等译，海豚出版社·中国国际出版集团2011年；关键词：壮美，史诗，迁徙。

2.《大迁徙：地球上最伟大的生命旅程》[英]本·霍尔编著，平晓鸽译，中国大百科全书出版社2014年；关键词：东非，野生动物，迁徙。

3.《全球最具价值的50旅行地》，《国家地理系列》编委会编，吉林出版集团责任有限公司2008年；关键词：梦想，自由，旅行。

4.纪录片《非洲》，英国广播公司2013年；关键词：非洲，生态，动物保护。

三 南北磁极将对调？

极地很远，它位于地球的两端，在世界的尽头；极地很近，它常驻在你我心中，是聚焦的顶点。

说起极地，它秉性"高""冷"，还伴有狂风；眼见极地，它"皮肤"干燥，一袭白冰盖雪……

哦，极地！这些都无法阻挡人们对它的狂热与探索，只需它女神样的气质即可似星星之火，点燃所有人心中的那个梦……

在这梦里，你会为浮冰上海豹慵懒的呼声感喟；在这梦里，你会被群鲸歌唱的声音陶醉……当极地的海鸟从头上优雅地飞过，你会否羡慕、嫉妒、恨它们能自由翱翔在这片洁白神圣的大地上？

在这里，让我们一同感受它那偶尔迸发的小脾气。磁极倒转，让我们一同触碰地球的脉搏，跟全世界共呼吸、同命运……

主题阅读

巨大的磁体——地球

使用过指南针或罗盘的人都知道，不管你怎样旋转，指南针都会自动指向南方。这是为什么呢？

虽然指南针是我国古代的四大发明之一，但我国的学者却没能回答这一问题。一直到1600年，英国人吉尔伯特用磁石做了

吉尔伯特

一个地球模型，又把一根小磁针搁在这个有磁性的"小地球"上，才发现小磁针的转动情况和指南针的情况一模一样。看到这一情况，他激动地告诉大家，指南针之所以能始终指向南方，是因为"地球本身就是一块大磁石"。

在吉尔伯特之后，又经几代人的努力，我们终于知道地球虽然不像吉尔伯特所述的那样是由一块大磁石构成，但它确实存在着一个全球规模的磁场。这个磁场就像有谁在地球的核心安置了一个巨大的磁棒一般，磁棒的北端是磁南

极，它吸引指南针的北极，让其永远指向北方；磁棒的南端是磁北极，它吸引指南针的南极，让其永远指向南方。由于这个磁场具有这样的南北两磁极，所以叫作"偶极磁场"。我们还知道，这个"磁棒"的南北方位与地轴的南北方位并不完全吻合，而且会不时地改变着自己和地轴之间的相对位置，这叫"磁极迁移"。磁极迁移的幅度不是很大，而且从17世纪有观测记录以来，磁极的迁移总是绕着地球的地理极点打转。

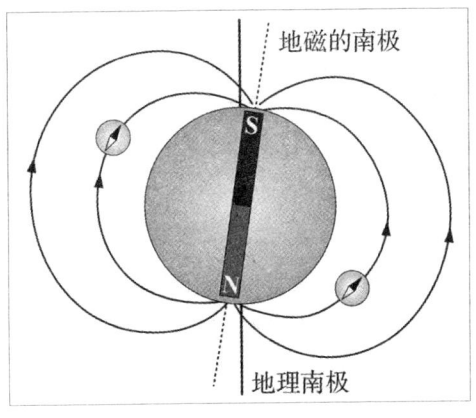

地球磁场

其实，地球磁场是一个非常弱的磁场，但却拥有十分广阔的空间。它能一直延伸到地球大气层的最外层，直到距地面10多个地球半径处（6万多千米）。尽管这里的空气已稀薄得与星际空间差不多，但地磁场的影响仍然存在，并且，由于受到太阳风的压力，使磁力线向后弯曲，形成背向太阳、似彗星状的长尾，一直延伸到几千个地球半径处。

这个受地磁场控制并被太阳风所包围的区域，被称为地球的"磁层"。它是地球的最外层，又犹如一个幔帐，保护地球上的所有生物免受各种有害的宇宙射线的伤害。它还像一道关卡，协助由于距地心遥远而减弱了的地球引力，牢牢地控制着一些因受外界的"诱惑"（主要是太阳的热力）而企图逃离地球的物质。

太阳风与地球磁层

地磁场倒转

1906年，法国科学家布容在研究法国中央高原地区火山熔岩（即火山岩浆凝固而成的岩石）的古地磁时，意外地发现这些岩石在形成时所处的地磁环境与今天的地磁场具有相反的磁性。然而当他公布这个发现时，却没人相信这个结果，都以为是他测错了。

不久后，1928年，日本科学家松山也发现了同样的现象，可是依然没有引起人们的重视。这是因为,尽管人们早已知道宇宙中不少天体的磁场是可变的,却怎么也想不到我们人类居住的地球居然也会有能"翻跟头"的地磁场。

然而,事实是无情的,20世纪50年代以来,对古代地磁状况研究的兴起,终于使越来越多的人发现,岩石中确实记录有与当今磁场相反的磁记录。有的人更利用这种古地磁记录成功地解释了一些曾经困扰人们的地址疑难课题。这样,地磁场曾经"阴阳倒错"的事实终于被大家所承认。1964年,考古斯等人在总结了大量古地磁资料以后指出:在已过去的近300多万年中,地磁场曾经有过3次磁极变化时期。如果我们把现在这样南磁极在北、北磁极在南的地磁场叫作"正向",那么南磁极在南、北磁极在北便是"反向"。根据古地磁资料可以知道,从现在到69万年前,地磁场基本保持和现在相同的状态,可称为"布容正向期";69万年前到243万年前,地磁场的方向正好与今天相反,成为"松山反向期";243万年前到332万年前,地磁场方向又与今天一样,称为"高斯正向期";由此再往前,地磁场的方向又再次和今天相反,称为"吉尔伯特反向期"。经过后来更精细的研究,人们又发现在这些磁性时期里还存在有时间较短暂的转向现象,称为"转向事件"。这些事件最短的小于3万年。

当然,地磁场这种变戏法般地"翻跟斗",并不仅限于近300多万年来,而是曾出现在更古老的地球历史时期里,只不过由于更古老的地磁记录因受到地球历史演变不同程度的破坏而保存不全,使人们尚难做出准确的判断。不过,可以估计,目前的正向状态不会延续太久。事实上,有人根据现代地磁场的磁性正在不断减弱的现象指出,这可能是地磁场正在酝酿翻转的前兆。

那么,是什么原因使地磁场不断地发生翻转呢?关于这个问题,迄今人们还未能取得一致的共识,仍存在若干不同的假说。有的人认为,既然地磁场的产生与液态外地核的运动状态有关,那么当地球内部发生变动时就会导致地磁场的改变;有的人认为,可能与太阳的磁性活动对地球的影响有关;有的人认为,巨大陨石对地球的撞击,是造成地球磁场翻转的原因;还有的人认为,是银河系磁场对地球的影响所致……事实究竟如何,还有待今后更深入的研究。

地磁场活动与人的梦境

德国柏林太空医学中心的一项新研究表明,人们做梦是由磁场活动造成的，而非精神压力。曾在该中心工作的心理学家达仁·李普尼克，在1990—1997年间记录下他的2387个梦。通过分析，他发现在磁场活动不强的日子里他常做一些稀奇古怪的梦。

那么，地磁场活动真的会影响人的梦境吗？梦境究竟受哪些因素影响呢？

一、地磁场不一定会影响梦境

清华大学医学院博士生导师刘国松教授对该结论的真实性不置可否。

"在科学界里，个案是不具有任何意义的。由于该研究的对象仅是一个人，因此不具有普遍的代表性。"刘国松分析说，"地磁场活动会影响人做梦，这个结论从表面上看可能性比较小。一方面，人类做梦的原因用学习记忆理论解释是比较合理的。另一方面，就我所知，地磁场对于人类本身的影响很小，这个影响可能比我面前计算机的辐射还要小。"

"随着人类的进化，地磁场对人类的影响已经显得微乎其微了。"北京市神经科学学会常务理事、北京师范大学生命科学学院左明雪教授解释说，"只有那些需要在一定季节进行迁徙的动物，比如候鸟，还保留着对地磁场较强的感受力。因为它们要大规模地返航回家。"

"地磁场活动会影响人的睡眠，但是否会影响梦境很难说。"北京师范大学认知神经科学与学习国家重点实验室、教育部长江学者特聘教授李武说，"由于大脑神经系统的神经元在工作时会有电荷产生，形成天然的生物电流。天然生物电流产生的磁场会受到地磁场活动的影响。因此，地磁场的活动会影响人脑的神经系统，从而影响人的睡眠，这是可以肯定的。"

二、日有所思，夜有所梦

俗话说"日有所思，夜有所梦"，当你白天一直在想某件事情，晚上做梦就会梦到，这也是普遍承认的一种梦产生的原因。

有研究认为，做梦是人脑的一种工作程序，对大脑白天接受的信息进行整理，大脑白天不能处理的信息能在梦境中得到很好的处理，白天苦苦思索而无法解决的难题能在夜晚的梦境中迎刃而解。刘国松说："就目前我个人研究来说，做梦的机制用学习记忆理论来解释较为合理。"

"人之所以会做梦，很大程度上取决于他的记忆系统。一个人白天做过的事情，会储存在他的记忆系统里。等到晚上睡觉时他白天所做过的活动，会在夜里以做梦的形式进行再次记忆，从而进一步消化吸收。"刘国松介绍说，"另外，做梦可以对白天的学习效果进行巩固和强化，是一种记忆的延伸。梦，其实可以帮助我们提高记忆力，帮助我们把白天所学习、经历的东西保存在脑子里面。我们常说的'日有所思，夜有所梦'是有科学依据的。"

拓展提升

实验表明，磁场强弱对某些生物的行为是有影响的。例如，地球磁场的改变对心脏病有影响，地磁场变化期间，部分病人会有些烦躁。

但不管最新发现如何，公众都不必惊慌。就算地磁倒转"迫在眉睫"，它仍然需要2000年来完成——上一次的逆转发生在78万年前，那时直立人还在学习怎么制造石头工具呢。即使地磁很快发生倒转，也不可能出现灾难性的后果，现在宇航员置身地磁场外仍然活得很好，虽然他们受过专门的训练，但至少说明一个事实：人类在经过一定训练后，脱离地磁场也一定可以生存。

思考：地理学是一门科学，你觉得日常生活、学习中应该怎样获得对科学的正确认识呢？又应该如何对待各种非科学的猜测和流言呢？

延伸推荐

1.《畅游海洋科普丛书：壮美极地》，赵进平主编，中国海洋大学出版社2011年；关键词：极地，冰川，极地动物。

2.《探秘地球100问》，张庆麟编著，上海科学技术文献出版社2007年；关键词：地理之谜，神秘现象，地球。

四 背起背包闯欧洲

西班牙和葡萄牙,在伊比利亚半岛上并肩而立,眺望着浩瀚无垠的大西洋,潮汐雕塑出它们的山川轮廓。

法国和英国,隔英吉利海峡相守相望,航海演绎过日不落的传奇,葡萄酒飘香蔓延五湖四海。

希腊和意大利,倚地中海畔,依爱琴海旁,古文明在熊熊奥运火炬中薪火相传,艺术气质经过时装周发扬光大。

登陆西欧,边走边看,热烈与含蓄,浪漫与严谨,时尚与古老都在这儿。

主题阅读

欧洲旅行时间表

一月·瑞士

瑞士地处温带的北部,由西向东伸展的阿尔卑斯山成为该国的气候分界线。冬季的瑞士温度在2°C—6°C,这时是最适合去阿尔卑斯山区滑雪的季节。

二月·西班牙

古老的城市,悠久的历史,使得西班牙有着与众不同的人文、建筑特色。西班牙气候多样,一年四季都适合旅行,12月—次年2月适合去南部和东南部的地中海旅行,2月还能穿着T恤在格拉纳达的户外玩耍。

三月·英国

英国属于温带海洋性气候,总体比较温和,冬暖夏凉,雨水较充足,季节温度变化不显著,但天气变幻无常,经常阴云多雨。3—8月气候比较干燥,温度适宜,最适合旅游。

四月·荷兰

荷兰是世界著名的"洼之国",拥有方便的地理位置、四通八达的交通、近20处旅游休假区和旧城、运河、鲜花种植区、博物馆等主要观光点。3月底—5月下旬雨量较少,正逢花季,最适合去游玩。

五月·法国

法国位于大西洋沿岸地区,气候相对来说温和而有变化,春天来临大概是4月复活节的时候,夏季没有梅雨季,空气比较干爽。6月间中有密云,也会有些寒意。4—6月为法国最佳旅游时间。

六月·比利时

比利时属于温带海洋性气候，有比较分明的四季。虽然比利时一年四季都适合旅游，但最佳的旅行时间为5—9月。夏天是最宜人的旅游季节，可以来这里避暑。由于纬度比较高，夏天的光照时间特别长，有时晚上10点天还很亮。

七月·挪威

挪威一年中受太阳光照时间很短，7—8月为挪威人享受阳光的黄金时节，大多数挪威人选择在这个时段休假，也最适合旅行者在这时去那里游玩。

八月·爱尔兰

赴爱尔兰旅游最好的时间在7—8月，这时的天气最为舒适，许多盛大的节日也在这个季节举办。这里有恩雅的天籁之音，叶慈的诗，醇香的咖啡……

爱尔兰

九月·波兰

5—9月是波兰最美丽的时候，这时的天气是温暖而阳光明媚的。9月是被誉为"波兰金色的秋天"的开始，细密如织的叶片，为波兰多添了一分金色的温情。

十月·卢森堡

9月和10月，在卢森堡可以享受到深秋的美景。卢森堡有76座城堡，除大规模重建的城堡外，还有众多壮观的古堡遗迹。这里也是徒步、骑行与户外运动的首选之地。

卢森堡

十一月·德国

德国一年四季都适合旅游，但10—11月游客相对较少。进入秋天后，风和日丽的宜人气候并不罕见，天气温和而晴朗。除冬季运动外，11月—次年3月初，因为旅行者减少，所以景点排队的队伍变短。

十二月·奥地利

奥地利一年四季均可旅游，经典的建筑在不同季节展现出不同风貌，冬季是奥地利旅游淡季，这时来奥地利你可以看到美丽的雪景，看到一个童话般的王国，还可以来滑雪，尽情玩乐。

饕餮玩家的欧洲美食地图

香气四溢的多瑙河边炭烤大排，热气升腾的瑞士风度芝士火锅，百家齐放的家酿水果酒，浪漫温馨的法式薄饼……到了欧洲，怎么能忽略让人食指大动的特色美食呢？让我们一起来一趟欧洲美食饕餮之旅。

第一弹：扇贝、海虹和薯条

海虹和薯条

比利时很特别，首都布鲁塞尔是整个欧洲的政治中心，欧盟、欧行、欧议会总部和其他欧洲各种首脑机构都在布鲁塞尔郊区。可比利时也是欧洲最无凝聚力的国家，选不出执政党，干脆就彻底撂挑子，以至于比利时经常处于无政府状态。在欧洲金融政治风暴狂飙的日子里，比利时人就像住在风眼里，日子过得依然十分惬意，邀上三五好友找间饭店，边吃边喝边聊折腾上一晚。

你还能想象出比扇贝、海虹和薯条更适合慢餐闲聊的食物吗？整整一大盆的扇贝、海虹，一个一个慢慢悠悠地吃着，再来点薯条、生芹菜，吃着，喝着，聊着，这不是一道菜，这是一种生活态度。

第二弹：奶油炖蔬菜海鲜

奶油炖蔬菜海鲜

到了任何一家荷兰、比利时的饭店，奶油炖蔬菜海鲜都是菜单上的首选菜之一。在旅行中保持一个好的饮食习惯是件重要的事情，毕竟旅行是件很耗体力的活动。这道菜从营养的角度来说，非常均衡，1份奶油，2份鱼肉，3份蔬菜，4份主食（土豆），将碳水化合物、动物蛋白、植物蛋白、钙、磷、锌和各种维生素融于其中，完美的金字塔饮食结构，用最简单的炖菜方式做成，保持了食物的原汁原味和营养。

第三弹：意大利面

意大利对于欧洲的饮食乃至整个西方饮食的影响就像中餐对其他所有东亚食品的影响一样。无论是主菜、汤、面条、面包、饭后甜点还是吃饭的流程到整个饮食结构，甚至刀叉都是罗马帝国创造的。没有罗马，法国人只知道堆篝火烤个公鸡；没有罗马，德国人还在吃着连毛带血的猪蹄；没有罗马，英国人还只会用炭火烤个土豆。

如果说希腊给欧洲带来国家的概念，那么罗马则把这套理论付诸实施，给欧洲带来文明和秩序。虽然罗马帝国的光辉早已散尽，但现在的意大利文化传统之厚重，整个欧洲无人能比。同样，意大利的饮食文化也过于复杂，无法用一言两语说明白，这里只挑最常见的意大利面介绍一下。

对于意大利菜来说，尤其对晚餐来说，面条甚至不是一道主菜，而是一道开胃菜，分量一般不大，不以吃饱为目的，自然主食以面条为辅，用的配菜才是重点。

第一种：最基本的意大利肉酱面，就是咱们最常见的番茄酱意大利面。做法有很多细小差别，加培根的，加肉馅的，加菠菜的，加蛋黄酱的，加奶油的，加马苏里拉奶酪的，不加马苏里拉奶酪的，也有用宽面的或螺旋面的，但那就不算常见的意大利细面了。

意大利肉酱面

第二种：常见的螺旋形短面条（Fusilli）和不太螺旋的直筒形短面条（Macaron），这两种面条可以作为沙拉的好材料，配上橄榄和青椒，口味不错。

意大利螺旋面

第三种：海鲜意大利面，常见于意大利西北部。不同于意大利细面，这种面一般叫扁平意面（Linguine），比细面稍微宽一些，和面时用的鸡蛋少，颜色较浅。一般配虾仁或者去刺的鱼块、薄荷叶和柠檬调味，非常适合在意大利炎热的夏天食欲不振时来一小盘。

海鲜扁平意面

第四种：去威尼斯的话，可以点上一道墨鱼面，别看它颜色乌黑，而且说不清酱汁里到底有什么，但是味道非常好。

威尼斯墨鱼面

第五种：意大利千层面（Lasagna），这也是意大利面条做出来的，只不过是用不切开的整张面条、肉馅、番茄酱、千层面白酱和奶酪一层一层垒起烤制而成，味道浓郁。

意大利千层面

欧陆经典建筑风格全接触

一、哥特式建筑

哥特式建筑，一种兴盛于中世纪高峰与末期的建筑风格，发源于12世纪的法国，持续至16世纪，由罗曼式建筑发展而来，为文艺复兴建筑所继承。

哥特式建筑以其高超的技术和艺术成就，在建筑史上占有重要地位。哥特式建筑最明显的建筑风格就是高耸入云

意大利米兰大教堂

德国科隆大教堂

的尖顶及窗户上巨大斑斓的玻璃画。其整体风格为高耸尖峭,以卓越的建筑技艺表现了神秘、哀婉、崇高的强烈情感,对后世其他艺术均有重大影响。它最常见于欧洲的主教座堂、大修道院与教堂,也出现在许多城堡、宫殿、大会堂、会馆、大学,甚至私人住宅也可见其踪影。最负盛名的哥特式建筑有俄罗斯圣母大教堂、意大利米兰大教堂、德国科隆大教堂、英国威斯敏斯特大教堂、法国巴黎圣母院等。

二、文艺复兴建筑

文艺复兴建筑是14世纪在意大利随着文艺复兴运动而诞生的建筑风格,起源于意大利佛罗伦萨,15—19世纪流行于欧洲。基于对中世纪神权至上的批判和对人道主义的肯定,建筑师借助古典

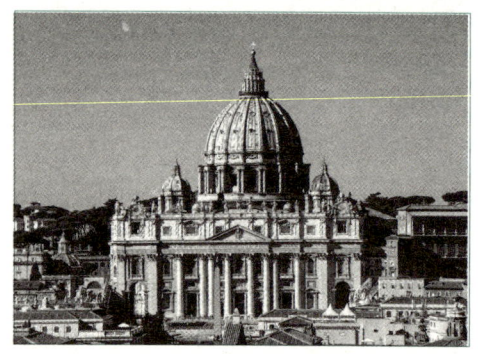

圣彼得大教堂

佛罗伦萨主教堂

的比例来重新塑造理想中古典社会的协调秩序。

这种建筑在理论上以文艺复兴思潮为基础，在造型上排斥象征神权至上的哥特式建筑风格，讲究秩序和比例，拥有严谨的立面和平面构图以及从古典建筑中继承下来的柱式系统，如半圆形拱券、以穹隆为中心的建筑形体等。

三、巴洛克式建筑

起源于17世纪的意大利，是在文艺复兴建筑基础上发展起来的一种建筑和装饰风格。其特点是外形自由，追求动态，喜好富丽的装饰和雕刻、强烈的色彩，常用穿插的曲面和椭圆形空间。

这种风格在反对僵化的古典形式、追求自由奔放的格调和表达世俗情趣等方面起了重要作用，对城市广场、园林艺术以至文学艺术部门都产生影响，一度在欧洲广泛流行。意大利文艺复兴晚期著名建筑师和建筑理论家维尼奥拉设计的罗马耶稣会教堂是由手法主义向巴洛克风格过渡的代表作，也有人称之为第一座巴洛克建筑。

四、洛可可式建筑

起源于18世纪的法国，是在巴洛克式建筑的基础上发展起来的，反映了法国路易十五时代宫廷贵族的生活趣味，追求纤巧、精美又浮华、烦琐，别称为"路易十五式"，一度风靡欧洲。

巴黎苏俾士府邸

洛可可风格的装饰多用自然题材做曲线，如卷涡、波状和浑圆体，色彩娇艳、光泽闪烁，象牙白和金黄是其流行色，经常使用玻璃镜、水晶灯强化效果。洛可可风格装饰的代表作是尚蒂依小城堡的亲王沙龙、巴黎苏比斯饭店的

罗马耶稣会教堂

沙龙和德国波茨坦无愁宫，而这种建筑风格的代表作是巴黎苏俾士府邸公主沙龙和凡尔赛宫的王后居室。

巴黎苏俾士府邸公主沙龙

拓展提升

自1785年西班牙将红黄相间的旗帜悬挂在维系着国家命脉的船帆上开始，这两种颜色便成为西班牙的代表色：红色象征热情和忠诚，而灿烂的金黄色则是西班牙留给人们的最直观印象。

就像矜持而热烈的弗拉门戈舞出了西班牙的灵魂一样，空灵而缠绵的法多悲歌则唱出了葡萄牙的心声，在这个国家国徽的中心，绘有一架金色的浑天仪，这种古老的航海仪器指引着大航海时代的冒险家们劈波斩浪，也宣告着依海而存、向海而生正是葡萄牙与生俱来的天性。它长达832千米的漫长海岸线，与比邻而居的西班牙一起，共同谱写出地理大发现的辉煌篇章。

新航路的开辟、版图的扩张、新大陆的发现、黄金香料的运输、第一次环球航行……资本主义的发展、科学技术的进步从这里开始迈出了不平凡的一步。

思考：西班牙和葡萄牙为什么会成为新航路的开辟者？这与国家的哪些地理要素有关？

延伸推荐

1.《美丽的地球系列：欧洲》，[意]安德昂著，李平译，中国大百科全书出版社2011年；关键词：欧洲大陆，浪漫之旅，秀丽的自然风光。

2.《游遍欧洲》，《图说天下·国家地理系列》编委会编，北京联合出版公司2012年；关键词：欧罗巴，最美风景，品味生活。

3.《孤独星球Lonely Planet旅行指南系列：欧洲》，澳大利亚Lonely Planet公司编，庞霖等译，中国地图出版社2014年；关键词：欧洲地图，旅行参考，在路上。

五 中亚的复苏

公元前140年,张骞踏上穿越中亚的广袤土地、向西方探索的"凿空"之旅。在他的时代,此举堪比哥伦布到达美洲大陆,从而开启了中国围绕丝绸之路的地理发现。对于一向认为自己是世界中心的古代中国来说,通过丝绸之路,突破了地域限制,建立了对其他文明的认知,最终形成了一种更为开阔的世界观与相对平等的交流方式,促成了中国与其他文明之间的密切互动。中国开始不断发现了世界,而世界也逐渐认识了中国。

时至今日,在"一带一路"倡议初步实施的今天,重走这条古老而崭新的道路,依然感到神秘……

主题阅读

忧愁的腹地

翻开厚重的历史,穿越两千多年的过往,遥想一千余年雄壮,丝绸之路演绎了一部彪炳千古的辉煌史记。两千多年前,张骞对大月氏人的寻找,无意间踩出了一条中原向西的凿空之路,成就了东西方历史上最伟大长路的横空出世——"丝绸之路"。

这是一次华丽的亮相。它将中亚广袤的草原与华夏的山川河流连接起来,它连通了中亚游牧文明与黄河农耕文明的脉络,而这种连接和连通是历史的必然。在西向的草原兀自生长、东向的黄河丰满发育的时候,在构成消费需求、经济发展等各种要素出现的时候,连通的道路就必然悄悄出现,并快速给出绵延千年、纵横东西文明之路的历史定位和存在意义。

张骞出使西域图(敦煌壁画)

中亚位于亚欧大陆的腹地,距海遥远,是丝绸之路的必经之地。这里大部分为温带大陆性气候,冬冷夏热,降水稀少,气温年较差与日较差大;湖泊、河流,多为内流河湖,水量小,季节变化大,地表植被以草原、荒漠为主。狭义的中亚国家包括六国，即土库曼斯坦、吉尔吉斯斯坦、乌兹别克斯坦、塔吉克斯坦、哈萨克斯坦和阿富汗斯坦。

影响中亚历史的主要因素是地理位置和气候。因为干燥，中亚地区不适于种植业的发展，长期以来一直以畜牧业的发展为主；又因为远离海洋，遏制了贸易流通。中亚的游牧民族与周边的农耕民族长期冲突不断，游牧民族的生活方式显然更适合战争，草原骑兵可以说是冷兵器时代世界上最强大的军事单位，但他们的战斗力往往受到内部分裂因素的遏制。穿越中亚的丝绸之路往往会促进游牧民族的内在统一，从而周期性地产生伟大领袖来统一领导所有部落，形成一股强大的近乎不可阻挡的力量，如征服整个欧亚大陆的蒙古政权的建立。

乌兹别克斯坦首都撒马尔罕曾是中亚文明最辉煌的昔日。14世纪至15世纪初，撒马尔罕达到了文明的巅峰，它在文学、艺术、建筑与科学上的建树，世界领先，令中世纪的欧洲仰慕。撒马尔罕曾是中亚当之无愧的中心，财富与权力的磁石。为什么撒马尔罕与布哈拉（乌兹别克斯坦另一城市）却在此巅峰衰落，从此未曾获得崛起的历史机遇？"路"或者"道"在撒马尔罕与布哈拉的文明史上，扮演了极其关键的作用：路通，则繁荣，战争、贸易均促其通；路不通，则封闭，走向衰败。而处

撒马尔罕建筑

于要道的古城，不断被来自东方、南方和北方的帝国所征服，又不断地反抗帝国的征服，在这种征服与被征服中，这些城市的文明也向前推进，最终在中央集权的蒙古帖木儿帝国时期达到文明的巅峰。而其衰落，远不仅是战争的摧毁那么简单，其动因在于它所处的要道地位被全局性的历史空间变迁所替换：大航海时代完成了商道从陆上至海上的转移，中亚因此衰微，并因此失去了与西方文明沟通的机会，历史停滞不前。

（作者：蒲实；选自《三联生活周刊》2015年第1期）

走廊的和谐之道

公元前138年（汉武帝刘彻建元三年），张骞奉命出使西域。当时在现新疆境内的西域三十六国，经考证如下：乌孙、龟兹、焉耆、若羌、楼兰、且末、小宛、戎卢、弥、渠勒、皮山、西夜、蒲犁、依耐、莎车、疏勒、尉头、

五 中亚的复苏

高昌故城

温宿、尉犁、姑墨、卑陆、乌贪訾、卑陆后国、单桓、蒲类、蒲类后国、西且弥、劫国、狐胡、山国、车师前国、车师后国、车师尉都国、车师后城国，除此之外还有大宛、安息、大月氏、康居、浩罕、坎巨提、乌弋山离等。张骞出使西域寻访大月氏联合抗击匈奴，虽然未获成功，但却沟通了中原与西域诸国的联系和交往。

今日的新疆是我国陆地面积最大的省级行政单位，总面积占我国陆地总面积的1/6（166万平方千米），边界线长度占我国陆上边界线总长的1/4（5000多千米），是我国陆上邻国最多的省份，具备发展边境贸易的优越条件。

另外，现在的新疆交通便利，公路已经辐射到省内的每一个角落，铁路线

交河故城

新疆油气田

更加完善。2014年12月26日，兰新高铁（乌鲁木齐南至哈密段）开通运营，标志着新疆正式进入高铁时代。新疆现已拥有22个机场，为国内拥有机场数量最多的省份。

优越的条件将会构建新疆对外开放的新格局。同时，未来随着中吉乌铁路、中巴铁路的开建，经由新疆的铁路交通大通道将会更多更畅通，新亚欧大陆桥铁路通道运输能力也将会进一步得到提升。

在和平、和谐的环境下，新疆的经济发展日新月异，塔里木盆地发现的特大型内陆油气田、准噶尔盆地"乌昌石城市群"的发展都极大地带动了周边地区的经济。新疆拥有特殊的气候条件，昼夜温差大，光照强，则促进了特色农业的发展。

新疆哈密瓜

新疆，正成为丝绸之路上的一颗耀眼的明珠。

丝路新篇章

中国古代，丝绸之路在世界版图上延伸，诉说着沿途各国人民友好往来、互利互惠的动人故事。如今，一个新的倡议在世界政治经济版图从容铺展——共建"丝绸之路经济带"和"21世纪海上丝绸之路"。这一倡议，强调相关各国要打造互利共赢的"利益共同体"和共同发展繁荣的"命运共同体"。

这一跨越时空的倡议，从历史深处走来，融通古今、连接中外，顺应和平、发展、合作、共赢的时代潮流，承载着丝绸之路沿途各国发展繁荣的梦想，赋予古老丝绸之路以崭新的时代内涵。

打开世界地图可以发现，"一带一路"这条世界上跨度最长的经济大走廊，发端于中国，贯通中亚、东南亚、南亚、西亚乃至欧洲部分区域，东牵亚太经济圈，西系欧洲经济圈。它是世界上最具发展潜力的经济带，无论是从发展经济、改善民生，还是从应对金融危机、加快转型升级的角度看，沿线各国的前途命运，从未像今天这样紧密相连、休戚与共。

不同以往的是，这一倡议是超越贸易范畴的更广泛意义、更深领域、更高维度的经济和文化大合作，它将是一场更为现代化的复兴讲述，不仅属于丝绸之路，属于沿线国家，更属于辉耀千年的历史。

回望走过的中亚，遗存在草原戈壁、山川河流间的丝路古迹，像悬挂在历史天空的闪亮星辰，既彰显着东西方连通璀璨的文化价值、揭示着欧亚文明交融的历史规律和轨迹，又昭告着合作、互信、共赢主题的旺盛生命力和发展必然性。

那么，在21世纪的时空新坐标下，我们需要做的，就是一起参与丝路经济带建设，并见证丝绸之路与伟大复兴的完美相遇。

（作者：邢广程；选自《光明日报》2014年10月20日）

拓展提升

中亚国家与中国山水相连，从古丝绸之路到土库曼的汗血宝马，从哈萨克斯坦的输华油气管道到吉尔吉斯斯坦的邓小平街，从历史到现实，这些与中国相关的元素见证着双方跨越2000余年的紧密联系，成为构建"丝路经济带"的人文和社会基础。

对于中亚国家而言，"一带一路"将使中亚受限于交通不便的地缘劣势转变为优势。深处亚欧大陆腹地的中亚没有出海口，这限制了各国经济的发展。而"丝路经济带"不仅有可能把中亚变成连接亚太与欧洲的便捷通道，还为拓展中亚各国与外界的联系、扩大国际合作带来可能。"一带一路"倡议以经济发展为支点，以经济合作为目标，契合了古丝绸之路沿线国家共同发展的迫切需求，为双方互利合作共同发展带来了新机遇。中亚国家搭上"一带一路"的顺风车，恰逢其时。

思考：中亚地区深处亚欧大陆腹地，有哪些不利影响？"一带一路"倡议将给中亚带来哪些发展契机？

延伸推荐

1. 《丝绸之路：一部全新的世界史》[英]彼得·弗兰科潘著，邵旭东、孙芳译，浙江大学出版社2016年；关键词：丝绸之路，一带一路，世界史。

2. 《孤独星球Lonely Planet旅行指南系列：中亚》，澳大利亚Lonely Planet公司编，范梦栩等译，中国地图出版社2015年；关键词：中亚地图，旅行参考，在路上。

3. 《新疆专题：新新疆》，《中国国家地理》2013年第10期；关键词：新疆，新概念，新视角，新发现。

六　世界的"火药桶"

中东，注定是一块不平静的土地。

它占据地利，却屡遭争斗之苦——无数人对它扼守的关隘虎视眈眈；它盛产石油，却像孩童怀抱金子行走在大街上——熊熊战火侵袭不断；它拥有灿烂的文明，却为不同的信仰怒目而视、拔刀相向；它缺少宝贵的水源，不得不为着生存锱铢必较、你争我夺……

几千年来彪炳史册的君主帝王、神灵教士都在这块土地上留下了辉煌的背影。中东史，是世界史的缩影——在这里，你能感受到人类文明的演进与历史前进的步伐，也能窥得见拼抢、争夺、残酷的战争和反抗强权、争取自由的坚韧之心。

主题阅读

"地利"之忧

在14岁的小穆罕默德的眼里，他的世界一直是动荡不安的。从小到大，他见到最多的就是各式各样先进的战争武器，他发现自己家乡的一举一动都在牵引着世界的目光，外国强权的虎视眈眈几乎左右了中东各国的命运。

"他们无法表述自己，他们必须被别人表述。"在小穆罕默德最近读的《东方学》首页上，爱德华·W·萨义德引述马克思的话，作为理解中东的一个概论。他不禁开始思考，这个"无法表述自己"的中东，准确吗？一开始查阅中东的相关资料，第一个进入他眼帘的就是其卓越响亮的称号——"一湾两洋三洲五海之地"。世界上还有比这更优越的地理位置吗？

中东，处在联系亚、欧、非三大洲，沟通大西洋和印度洋的枢纽地位。其中，"三洲"指亚、欧、非三大洲，"五海"指里海、黑海、地中海、红海、阿拉伯海。此处交通极为便利，扼守四大海峡，控制着海上交通要道的两个战略要地——苏伊士运河和土耳其海峡，又有公路铁路连接三大洲，去往西欧、东非的许多条航空线路都必须经由此地，是沟通大西洋和印度洋、连接西方和东方的要道，也是欧洲经北非到西亚的枢纽和咽喉。中东在世界政治、经济和军事上的重要地位，使其成为世界历史上列强逐鹿、兵家必争之地。

六 世界的"火药桶" 033

苏伊士运河

1869年，苏伊士运河的通航是近代中东形成的一个标志性大事件。大航海时代所"发现"的东方，因为这一河道的开通，格局变得崭新。现代化先发区域的"西方"，与遥远而资源丰富的"东方"，因为苏伊士运河的通航，使其货运线路整整缩短了40%。即使约150年后的今天，经苏伊士运河完成的货运量仍占欧亚两洲海运货物的80%。世界因这条运河而迅捷相连，这是那个时代的伟大事件，即使现在，它仍为事实。但这只是现代化西方的胜利？英国历史学家阿诺德·汤因比早有洞见："（东方和西方之间的中东）握有使两极之间直接交往的通道畅通无阻，予以封闭或迫使重新开放的权力。"

有权利，就有争夺。1956年，苏伊士运河争夺战开始了。英国、法国和以色列借口埃及收回苏伊士运河公司和禁止以色列船只通过运河，向埃及发动进攻，企图控制运河。以色列军共出动10个旅，由装甲部队率先突击，英法联军出动各型舰艇100余艘（含航空母舰和巡洋舰10余艘），先以200余架飞机袭击埃及海、空军基地，掌握制海权、制空权；当时埃及总兵力约15万人，有坦克500余辆，作战飞机250余架。埃及军民坚决抵抗侵略者，尤其在保卫塞得港的战斗中英勇抵抗。战争结束后，埃军亡1600余人，损失飞机210余架；英、法、以军亡200余人，损失飞机约20架，平民生活遭受涂炭。英、法离开了，美国却得以进一步插手中东事务。

小穆罕默德惊异地发现：地利，成了忧患！

石油"有罪"

苏伊士运河开通后，中东发现了巨大的财富——总储量达世界总量2/3的石油！

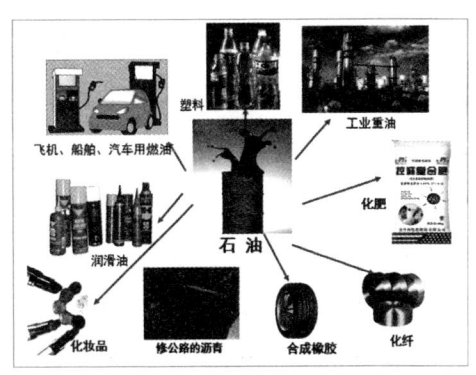

石油的用途

石油是用来干什么的？无疑，石油作为液体黄金，是社会经济运行的"血液"。

中东是世界石油储量最丰富、石油产量和输出量最多的地区。石油主要分布在波斯湾及其沿岸地区，现在的石油产量通常占世界总产量的1/4，沙特阿拉伯、伊朗、科威特和伊拉克是世界重要的产油国。中东石油开采的90%供出口，出口量约占世界石油出口总量的3/5，主要输往西欧、美国、日本等国家。近年来，随着中国经济的崛起，从西亚进口的石油也越来越多。

如果说现代化的西方全球征战是以资源争夺为核心的，而这种争夺又以石油为甚。正如基辛格所说，"如果你控制了石油，你就控制了世界"。深入梳理两次世界大战，以及此后的中东各场战争，石油的争夺无不深藏其间，成为关键因素，各种权力也因此深刻介入中东。

石油的抢夺导致中东产油国纷扰不断，它们怎样维护自身的利益呢？1960年9月，伊朗、伊拉克、科威特、沙特阿拉伯和委内瑞拉的代表在巴格达开会，决定联合起来共同对付西方石油公司，维护石油收入。14日，五国宣告成立石油输出国组织（Organisation of Petroleum Exporting Countries——OPEC），简称"欧佩克"。随着成员国的增加，欧佩克发展成为亚洲、非洲和拉丁美洲一些主要石油生产国的国际性石油组织。欧佩克总部设在奥地利首都维也纳。现在，欧佩克旨在通过消除有害的、不必要的价格波动，确保国际石油市场上石油价格的稳定，保证各成员国在任何情况下都能获得稳定的石油收入，并为石油消费国提供足够、经济、长期的石油供应。

石油，就是我们谈判的武器

生命之"水"

酷热是沙漠的杰作。太阳像巨大的火球，一刻不停地炙烤着大地，白天气温可高达60℃—70℃。

降雨，几乎没有；河流，几乎没有。淡水，全部是买来的。石油每桶1美元，淡水每桶1.5美元。人们用买来的淡水洗澡是一件极珍贵的事情。

这里是世界上缺水最严重的地区，几乎所有的中东国家都在闹水荒。水不但决定了中东人民的生活方式,而且决定了中东文明的兴衰。在中东地区,水比石油更重要。中东水危机到了一触即发的地步,深刻影响着这一地区的政治、外交和国际关系,使这一地区的局势更加动荡不安。

极度缺水的热带沙漠气候

1948年,以色列建国后很快意识到水及其源头对其生死存亡的作用,并五度为此发动战争。在1967年的阿以战争中,以色列军队占领了约旦河水资源的大部分,并在1978年和1982年对黎巴嫩开战,企图掌握利塔尼河的控制权。目前,以色列近40%的水来自约旦河西岸。

经过几次中东战争后,阿拉伯国家失去的不仅是土地,还有与生命息息相关的水资源。围绕着水资源问题,阿以进行着殊死的斗争。巴勒斯坦在西岸被占领土开采水的行动遭到禁止,这使巴勒斯坦人更加感觉到收复失地对于自己的重要性。而戈兰高地之所以长期成为叙以谈判的焦点,与其丰富的水资源不无关系。以色列人杰逊·巴斯金指出:"缺水的压力将影响谈判双方。归还戈兰高地是一个棘手的问题,因为那里提供了以色列的饮用水。而让叙利亚放弃对戈兰高地水源的权利也是不可能的。"

水资源问题在中东可谓牵一发而动全身。在被占领土上,以巴双方的用水极不平衡。据报道,在希伯伦的5000名犹太定居者,一天可以得到1.7万立方米的供水,而生活在这个城市的40万巴勒斯坦人,每天总共只能得到7000立方米的水。在约旦,全国2/3的农民因为缺水而无法播种,首都安曼的水龙头每周只能流上24个小时。叙利亚首都大马士革每周有3—4个晚上停水。

以色列节水农业:滴灌造绿洲

随着这一地区的人口不断增长和气候持续干旱，日益加重的水荒有可能引发新的战争。曾有人说："如果我们在解决中东所有问题时不能使水的问题得到圆满解决，那么这一地区就将爆发危机。"约旦国王则警告说："我们这一地区的潜在冲突导火索不是土地，而是水。"

中东海水淡化很流行

近年来，中东国家就水资源的开发利用进行合作，如海水淡化工程、农业节水技术等。人们也深刻认识到，"水"意味着生命，中东面对着一个缺水的未来。

拓展提升

1948年，以色列和阿拉伯国家之间发生战争。

1956年，英法为夺得苏伊士运河的控制权，对埃及发动突然袭击。

1967年，以色列出动全部空军，对埃及、叙利亚和伊拉克的机场进行了闪电式袭击。

1982年，以色列对黎巴嫩发动了大规模的进攻。

1990年，伊拉克大军入侵科威特。

1991年，震惊世界的海湾战争爆发。

2001年，美国轰炸阿富汗。

2003年，美国和伊拉克之间爆发了新一轮战争。

2011年，美国军事打击叙利亚。

2012年，美国航母袭击了伊朗的海军基地。

2014年，以色列军队发动了针对巴勒斯坦哈马斯持续近两个月的大规模空袭，造成万余巴勒斯坦人伤亡。

2014年，利比亚民兵武装"利比亚黎明"占领美国使馆。

2015年，沙特阿拉伯对也门进行空袭，埃及、摩纳哥、约旦、苏丹、科威特等10国参与其中。加上也门和表态要提供后勤和情报援助的美国，12国已介入这场中东乱局。

思考：中东局势宛如一锅沸腾的杂拌粥，此起彼伏，鲜有平静。中东的战争为何一触即发、一发再发？

延伸推荐

1.《中东两千年》,[英]伯纳德·路易斯著,郑之书译,国际文化出版社2017年;关键词:中东,民族起源,宗教渊源,文化交往,社会冲突,地域疆界。

2.《穿越百年中东》,郭建龙著,中信出版社2016年;关键词:历史变迁,中东纷争。

3. 纪录片《探索·发现:中东战争》,央视网2013年;关键词:中东,石油,战争,发现。

七　阳光天堂

蔚蓝的海岸、金色的沙滩、灿烂的阳光、乳白的岩石……对每一个怀抱美好梦想、向往恬适风情的人来说，这里——地中海，就是童话世界。

从科西嘉岛神秘的灌木丛林，到法国南海岸充满艺术气息的普罗旺斯；从摩洛哥的高山旷野，到爱琴海中散落的珍珠般的群岛……仿佛蕴藏着一段悠远的历史传说，好像吐纳着热烈的浪漫风情，又似乎透露着湿润的神秘气息。

地中海，这个孕育了古希腊、罗马文化的古老海洋不仅给人带来阳光明媚的心情，更影响到周边的景观气质。

主题阅读

漫步地中海

第1站：希腊雅典

令人震撼的雅典卫城，浪漫温柔的爱琴海，在这里你可以感受到雅典昔日的辉煌，也可感受到雅典现代的热情与繁华。人们可以在雅典的制高点——帕特农神庙眺望雅典的美丽风光，去普拉卡的餐馆吃一顿美味的午餐，品尝最地道的希腊美食。

希腊雅典

第2站：西班牙巴塞罗那

巴塞罗那是享誉世界的地中海风光旅游目的地和世界著名的历史文化名城。这里有宜人的气候，旖旎的风光，标新立异的建筑风格，美轮美奂的艺术收藏，素有"伊比利亚半岛的明珠"之称。带有哥特风格的古老建筑与高楼大厦交相辉映，共同构成了巴塞罗那令人迷醉的天际线。格局凌乱的小巷子紧贴着新城区的边缘，古色古香的旧城区里会忽然冒出工业时代的烟囱，在巴塞罗那，这一切的不协调看来都顺理成章。

七　阳光天堂

西班牙巴塞罗那

第3站：土耳其伊斯坦布尔

来到伊斯坦布尔，当你站在德斯普鲁斯的海边看夕阳的时候，你会感慨为什么这么一个平凡的地方，却无愧为世界上最美丽的城市。这里有世界十大奇景之一的清真寺，巨大的圆顶周围有6根尖塔围绕。这里还有世界上最令人向往的教堂之一的圣索非亚大教堂。另外，你可以去王子岛尽情地感受最清爽的海风，徘徊在19世纪的优雅居所当中。

第4站：葡萄牙里斯本

葡萄牙人说："没看过里斯本的人就等于没看见过美景。"作为世界上最壮丽的自然港口之一，以大航海家在此启航著称。里斯本无时无刻不在骄傲地展示着它的宫殿、它的教堂、它的老街。

葡萄牙里斯本

土耳其伊斯坦布尔

第5站：意大利罗马

罗马是古罗马和世界灿烂文化的发祥地，已有2500余年历史，是世界著名的历史文化名城，因建城历史悠久而被称为"永恒之城"，也是世界最著名的游览地之一，拥有古竞技场、万神殿、许愿池、圣彼得大教堂……去许愿池许愿是去罗马必须要做的事情之一。背对许愿池虔诚许愿，抛出硬币，愿望也许就会实现。

意大利罗马

第6站：希腊圣托里尼

这里有世界上最美的日落，最壮阔的海景，这里蓝白相间的色彩天地是摄影家的天堂。在这里，你可以是诗人，也可以是画家，也可以是最幸福的公主，这里是蓝与白的天堂。圣托里尼人用单纯的色彩、灵动的曲线在面朝爱琴海的悬崖上建立家园，仿佛住进童话屋。

水城故事多

威尼斯位于意大利北部，这个水上城市是文艺复兴的精华，是世界上唯一没有汽车的城市。上帝将眼泪流在了这里，却让它更加晶莹和柔情，就好像一个漂浮在碧波上浪漫的梦。

威尼斯的风情总离不开"水"，蜿蜒的水巷，流动的清波，117条水道纵横交叉。这里有"因水而生，因水而美，因水而兴"的美誉，享有"水城""水上都市""百岛城""亚得里亚海明珠""桥城"等美称。

游览威尼斯最重要的交通工具就是独具特色的尖舟——"贡多拉"。贡多拉的外观设计原本是各式各样的，16世纪时的贡多拉外表异常艳丽，贵族们经常乘坐装饰着缎子和丝绸、雕刻精美的贡多拉炫耀自己的财富。为了遏制这种奢

希腊圣托里尼

贡朵拉

水上都市威尼斯

靡的风气,威尼斯元老院颁布禁令:不准在尖舟上施以任何炫耀门第的装饰,已经安装的必须拆除,所有的贡多拉都漆成了黑色,变成了今天的样子。人们乘坐它出行,也用它装满商品叫卖。

蕾丝岛——布拉诺

布拉诺是意大利威尼斯所辖下的一个小岛,岛上居民都是渔民的后代,当地的手工蕾丝和抽纱制品与穆拉诺岛的彩绘玻璃一样,都是威尼斯的特色手工艺品。不知道从什么时候起,小岛的地方政府规定当地居民每年要刷一次房子的外墙,于是居民们把他们小巧玲珑的房子刷得五颜六色、色彩斑斓。这些多彩的房子一个挨一个组成彩虹一样的小巷,夹着清澈的小河曲曲延伸,同样色彩明快的小船静静地停在河边。

布拉诺岛

圣马可大教堂

圣马可大教堂

圣马可大教堂矗立于威尼斯市中心的圣马可广场上,始建于公元829年,重建于1043—1071年。它曾是中世纪欧洲最大的教堂,是威尼斯建筑艺术的经典之作,它同时也是一座收藏丰富的艺术品宝库。藏品中的金色铜马与真马同大,神形毕具,惟妙惟肖。圣马可大教堂又被称为"金色大教堂",是威尼斯的骄傲,是世界最负盛名的大教堂之一。威尼斯的荣耀,威尼斯的富足,当然还有威尼斯的历史和信仰,尽在于此。

叹息桥

叹息桥建于1603年,因桥上死囚的叹息声而得名,是威尼斯著名的桥梁之一。叹息桥两端连接着总督府和监狱,是古代由法院向监狱押送死囚的必经之路。叹息桥造型属早期巴洛克式风格,桥呈房屋状,上部穹隆覆盖,封闭得很严实,只有向运河一侧有两个小窗,当犯人在总督府接受审判之后,重罪犯被带到地牢中,在经过这座密不透气的桥时,只能透过小窗看见蓝天,从此失去了自由,不自主的发出叹息之声。

叹息桥

不得不提的还有威尼斯的著名艺术品，如传统玻璃制品、花边、假面等，当然还有让人拖不动腿的意大利冰淇淋。

假面、玻璃制品、意大利冰淇淋

阳光沙滩

地中海沿岸夏季炎热干燥，冬季温和多雨，全年都适合旅游，尤其夏季很少降水，大片大片灿烂的阳光吸引了大批的外国游客。人们在迷人的海滩上把皮肤晒成健康的小麦色，这是阳光留下的痕迹。

一、尖角海滩

这里有湛蓝的海水，光滑洁白的鹅卵石，还有青翠的松树林。这里盛行西风，是风帆冲浪爱好者的天堂。尖角海滩的一端伸入海中，并且会随着风向的改变而改变，因此是一个多变的海滩。

尖角海滩，克罗地亚布拉奇岛

二、埃格雷姆尼海滩

埃格雷姆尼海滩的风景就像被调高了色彩饱和度一样，湛蓝清澈的海水和细白如银的海滩，使之成为希腊最美的海滩之一。因为这里位置偏远，交通不太便利，所以大多数时间这片海滩都十分宁静。

埃格雷姆尼海滩，希腊莱夫卡扎市

三、天堂海滩

和埃格雷姆尼海滩恰恰相反，天堂海滩非常热闹，到处都是聚会。日落以

天堂海滩，希腊米克诺斯岛

后，整个海滩就变成了一场大型的舞会。每到夏天，许多来自塞浦路斯的年轻人就会聚集在这里，在滨海的酒吧欢度时光。

四、那瓦吉奥海滩

那瓦吉奥海滩又名沉船湾海滩，被誉为世界最特别的海滩之一。1980年，一艘疑为走私香烟的商船在此地搁浅。海湾三面都是峭壁，只能乘船到达。每年都有数千名游客慕名而来，此外，一些爱冒险的人会选择这里进行定点跳伞运动。

那瓦吉奥海滩，希腊扎金索斯岛

五、卡普塔斯海滩

这里的海岸保留了原始的自然风貌，海滩后方耸立着壮观的峭壁，从峭壁上沿着一条蜿蜒而下的楼梯可以走到海滩。

六、圣母海滩

如果把波克罗勒岛比作王冠上的宝石，那么圣母海滩就是这颗宝石最亮的一个刻面。这里没有拥挤的人群，你可以细细品味海滩周围桉树和松树散发的香味。此外，几乎整个岛都被划为国家保护公园，无论在哪里都不会看到一片纸屑。

地中海沿岸灿烂的阳光、迷人的海滩、丰富的历史文化遗产，为发展旅游业提供了优越的条件，使这个地区成为世界上人们最向往的旅游地之一。

圣母海滩，法国波克罗勒岛

卡普塔斯海滩，土耳其里维埃拉地区

拓展提升

北纬30°—北纬52°，一提到这个范围，葡萄酒行家们的双耳已经竖得老高，他们未必会对阳光、沙滩感兴趣，却绝不会错过任何一个畅谈美酒机会。

法国：法国葡萄酒的品质和名气堪称经典，无论从文化、历史、质量上，独占鳌头的始终是法国酒。世界闻名的法国葡萄酒十大产区由于葡萄品种、气候条件及地域文化不同而各有特色，包括香槟产区、阿尔萨斯产区、卢瓦尔河谷产区、勃艮第产区、罗纳河谷产区、汝拉—萨瓦产区、波尔多产区、西南产区、朗格多克—鲁西雍产区和普罗旺斯产区。法国三分之二的国土上产葡萄酒，产量仅次于意大利。

西班牙：西班牙全国各地几乎都生产葡萄，葡萄种植面积居世界第一、产酒量排第三（仅次于意大利和法国），以拉里奥哈、安达卢西亚、加泰罗尼亚三地最为有名。靠近首都马德里的拉曼恰地方街道的葡萄酒，几乎占西班牙所有产量的一半。

意大利：世界最大的葡萄酒生产国，出口量与法国并列前茅，产地面积仅次于西班牙，也是全世界最早的酿酒国家之一。葡萄品种古老、复杂、繁多，主要产区有皮埃蒙特、威尼托、托斯卡纳。

思考：欧洲南部盛产葡萄酒的原因是什么？

延伸推荐

1.《时光里的欧洲》，郝景芳著，中国华侨出版社2012年；关键词：旅行，欧洲，历史，文化。

2.《山之南，海之北：徜徉西南欧》，叶永烈著，上海交通大学出版社2017年；关键词：西南欧洲，历史与文化，旅行。

3.《邮轮游欧洲和地中海》，英国DK公司著，李倩译，中国旅游出版社2016年；关键词：旅游资讯，人文景观，历史文化。

八　穿行北极圈

想到北极地区，你脑海中首先会浮现出什么样的场景？

满目冰山，强悍的北极熊，还是生活艰苦的因纽特人？生活在温带的你，会给它下一个什么样定义？一个不毛之地？

千百年来，北极地区一直吸引无数科学家和游客前往的又是什么？到底这里有怎样的科考价值或是奇特美景，能让人如此流连忘返？

今天，我们就跨入北极圈，沿着神秘的北极光区走一走，一探那北极光的奥秘，了解万岛之国，认识冰火之岛。做好准备，一起改变对北极地区的认识，学会从新的角度来认识北极吧！

主题阅读

北极极光盛景

极光出现于星球的高磁纬地区上空，是一种绚丽多彩的发光现象。而地球的极光，是由于太阳或地球磁层的高能带电粒子在地球磁场的引导下，从地球南北两极的高纬度地区闯入高层大气，导致大气中的分子或原子受到激发而产生。因此，地球上不仅有北极光，还有南极光。极光产生的条件有三个：大气、磁场、高能带电粒子，这三者缺一不可。

北极光

极光多种多样，五彩缤纷，形状不一，绮丽无比，在自然界中还没有哪种现象能与之媲美。任何彩笔都很难绘出那在严寒的两极空气中嬉戏无常、变幻莫测的炫目之光。极光有时出现时间极短，犹如节日的焰火在空中闪现一下就消失得无影无踪，有时却可以在苍穹之中辉映几个小时；有时像一条彩带，有时像一团火，有时像一张五光十色的巨大银幕，仿佛上映一场球幕电影，给人视觉上以美的享受。

根据极光分布情况的研究，极光区的形状不是以地磁极为中心的圆环状，而是卵形。如果我们乘着宇宙飞船，越过地球的南北极上空，从遥远的太空向地球望去，会见到围绕地球磁极存在一个闪闪发亮的光环，这个环就叫极光卵。这是由于它们向太阳的一边有点被压扁，而背太阳的一边却稍稍被拉伸，因而呈现出卵一样的形状。极光卵处在连续不断的变化之中，时明时暗，时而向赤道方向伸展，时而又向极点方向收缩。处在午夜部分的极光卵显得最宽最明亮。

长期观测统计结果表明，极光最经常出现的地方是在南北磁纬度67度附近的两个环带状区域内，分别称作南极光区和北极光区。在极光区内差不多每天都会发生极光活动。在极光卵所包围的内部区域，通常叫作极盖区，在该区域内极光出现的机会反而要比纬度较低的极光区来得少。因此，观赏北极光的最佳地点是北极圈内的芬兰、瑞典、挪威北部，阿拉斯加、加拿大北部及冰岛，而南极光可以去新西兰南部和南极洲看。

一路向北的挪威

挪威是欧洲纬度最高的国家，全境三分之一的土地位于北极圈内，因而有"午夜太阳之地"的别称。挪威也是斯堪的纳维亚半岛上唯一毗邻北冰洋的国家，每年夏季都有两个月的时间是极昼，是名副其实的"日不落王国"。

想在世界地图上找到挪威并不困难，只要找峡湾就可以了。打开一张只要不是最小号的世界地图，观察各个大陆的海岸线就可以发现，除了挪威以外，世界上再也找不到第二个地方的海岸线是如此的支离破碎。始作俑者就是峡湾，是冰川，是北海波涛的切割。挪威蜿蜒曲折的海岸线长达2.5万千米，在峡湾的入海口分布着15万个大大小小的岛屿，故挪威也被称为"万岛之国"。

挪威以峡湾闻名，因而又有"峡湾国家"之称。从北部的瓦伦格峡湾到南部的奥斯陆峡湾，一个接一个，这无穷尽的曲折峡湾和无数的冰河遗迹构成了壮丽精美的峡湾风光。挪威人视峡湾为灵魂，并以峡湾为荣，认为峡湾象征着挪威人的性格。峡湾给人带来的不仅是视觉冲击，更准确地说，应是心灵的震撼。在挪威的峡湾中，名声最大且各有特色的莫过于四大峡湾，即雄伟壮阔的松恩峡湾、田园牧歌的哈当厄尔峡湾、神秘漂亮的盖朗厄尔峡湾，以及惊险刺激的吕瑟峡湾。

一、松恩峡湾

松恩峡湾位于卑尔根市以北，以深入陆地最远而闻名。它由西海岸一直延伸到东部，全长200多千米，最深处达到1300米，是世界上最长、最深的峡湾。峡湾两岸山高谷深，谷底山坡陡峭，峰顶海拔1500米，从中可以看到挪威最原始的美景。

松恩峡湾

二、哈当厄尔峡湾

哈当厄尔峡湾位于卑尔根市以南，以其诗情画意而著称，是四大峡湾中最富有田园风光的峡湾。春季，峡湾两岸的山坡上，果树盛开着各种颜色的鲜花，与全长170千米的绿色峡湾交相辉映；夏季，这里到处开满苹果花和杏花，绚丽多彩。

哈当厄尔峡湾

三、盖朗厄尔峡湾

盖朗厄尔峡湾位于卑尔根市北部，是挪威峡湾中最美丽神秘的一处。峡湾全长16千米，两岸耸立着海拔1500米以上的群山。盖朗厄尔峡湾以瀑布众多而著称，有许多瀑布沿着陡峭的岩壁泻入该峡湾，比如"新郎的面纱"和"七姊妹"。峡湾顶端是盖朗厄尔村，要到达该村，仅有一条沿山坡蜿蜒而下的长1000米的道路。

盖朗厄尔峡湾

四、吕瑟峡湾

吕瑟峡湾位于斯堪塔万格市以东，与悬崖、峭壁、怪石珠联璧合，相得益彰。吕瑟峡湾全长42千米，这里有耸立在海面上约600米高的悬崖绝壁上"布道台"奇观，还有悬挂在1000米高的空中巨石奇景。

吕瑟峡湾

极圈火岛

冰岛位于大西洋的北部，所在纬度接近北极圈，因此被誉为"世界的尽头"。冰岛所处的地理位置是极为特殊的，它的一部分位于美洲板块，该板块正在向西飘移，其余部分位于亚欧板块，正在向东飘移。由于构造作用力不断地拉动板块，这座岛屿正在慢慢地分成两部分，形成一个断层。两大板块的边缘是峡谷和悬崖，同时海床的面积也不断扩大。

火山

滚滚熔岩从板块裂隙中喷涌而出，溢出海面冷却后就形成了冰岛。由于板块间的地质运动活跃，所以区区10万平方千米的冰岛就分布着超过100座火山，其中还包括多座活火山。因此，冰岛又有"极圈火岛"之称。强势的火山从不向严寒低头，夹带喷涌的间歇泉、沸腾的泥浆，炫耀着它强大的力量。

冰岛间歇泉

火山脾气暴躁，冰川也不多让，总是想方设法扩张其势力范围。冰川从山巅攀爬而下，冰舌沿着山谷向前延伸，有的甚至直冲入海。从冰川上剥落的残块漂浮在海面上，成为海鸟和海豹的临时休息站。冰原上随处可见大大小小的冰碛砾石，偶尔还能见到切口整齐的石块，实际上是石缝里的水分冻结撑裂了石头。

在冰岛的冰层之下，隐藏着庞大的熔岩池。冰岛的火山不喷发时，其实是冰川和火山正处在僵持之中。冰与火处于一种微妙的平衡状态，如果这个平衡向火山一方倾斜，便会造成大量的火山喷发，不仅给冰岛人带来灾难，同时也会影响全球人们的生活。

2010年4月14日，冰岛南部的埃亚菲亚德拉冰盖冰川附近的一座火山喷发，使欧洲的居民真实地感受到了火山喷发造成的灾害的力量，尤其是火山灰带来的灾害。冰岛火山这次喷发的等级，只相当于中等偏小一点的喷发，但是为什么火山灰持续时间会这么长？火山灰对欧洲国家乃至其他国家造成的损失为什么如此重大呢？

这次火山喷发的类型是火山学家21世纪强调定义的一种特殊类型：冰下火山喷发。在这次喷发过程中，由于该火山的山顶有非常厚的冰雪覆盖，火山活动产生的热能先将冰雪融化，这些冰水流入火山口中，与喷发的岩浆接触，发生爆炸，因此产生非常多的火山灰。由于冰层融化持续的时间很久，也就会长时间发生这种岩浆与水相遇混合的爆炸。

冰下火山喷发

爆炸产生的火山灰会对人体的呼吸系统和眼睛造成伤害。另外，火山灰会被吸入飞机的引擎中，黏附在引擎器械中，从而影响机械的正常工作，使飞机的安全系数降低。冰岛是欧洲通往美洲的航空大通道，于是众多机场在火山喷发后都先后关闭了。更重要的一点，冰岛的火山灰中包含很多水汽，所以它的密度较大、黏附性较大，很容易黏附在建筑和电线上，可能会造成建筑垮塌等。如果火山灰进入平流层，会将阳光反射回大气层，从而影响光照。

温泉

冰岛,名字听起来就有一股冰冷之气,但其实这里一点儿也不冷,活跃的地质运动带来丰富的地热资源,地热能年发电量可达72亿度。丰富的地热能也使冰岛成为世界上温泉最多的国家,其境内分布有大约250个碱性温泉。首都雷克雅未克就是"烟湾"的意思,早期移民看到这里到处是烟雾腾腾的温泉,禁不住有感而发。泡在温泉里遥望雪山冰川,对冰岛人来说是再平常不过的事。

蓝湖

冰岛最著名的温泉是位于首都雷克雅未克东南方的蓝湖,它是世界上最大的露天温泉。早期的冰岛人曾尝试用滚烫的温泉水煮海水以提炼海盐,但这种以水煮水的方法虽然新奇却不实用。后来,地热资源被引入温室和城市取暖系统,成为一种清洁经济的能源。蓝湖就是为了地热发电开挖的人工湖。当初,人们挖开一处死火山口灌入海水准备发电,没想到这处富含矿物质的温泉深受人们的喜爱,而火山口沉积的白泥更是女士们趋之若鹜的养颜圣品。

拓展提升

沿着北极光区往东走,有一个全国1/3土地都在北极圈内的国家。这个拥有千湖的国度,遍布森林的地方,它既是圣诞老人的故乡,也是波罗的海的女儿。冬季,人们来这里约会极光,看炫彩的天幕变换出神奇的光线。夏天,人们来这里约会旧时光,在千湖之畔洗净浮躁。这里无时不精彩,无处不风光。这里就是芬兰。湖泊约18.8万个,有"千湖之国"之称。

若有人问"什么最能代表芬兰",90%的芬兰人都会回答"桑拿"。可以说,从呱呱落地之日起,芬兰人一生都离不开桑拿。如果游客将芬兰人引以为傲的"诺基亚"手机误认为日本货,当地人大多宽容地一笑置之。但若有人对桑拿说三道四,则算一种冒犯,因为在芬兰人看来,桑拿房绝不仅仅是个洗澡的地方。芬兰人口大约550万,而全国大大小小的桑拿房竟多达170万个,平均每3人就拥有1个,其密度堪称世界之最。

思考:芬兰的湖泊是怎么形成的?

芬兰人如此喜欢桑拿，跟其自然环境有什么样的关系？

延伸推荐

1.《北欧，冰与火之地的寻真之旅》，[英]迈克尔·布斯著，梁卿译，生活·读书·新知三联书店2016年；关键词：北欧，冰与火之地，旅行，历史文化。

2.《孤独星球Lonely Planet国际指南系列：北欧》，澳大利亚Lonely Planet公司编，中国地图出版社2016年；关键词：北欧，文化，气候，自然景观。

3.《魔力北极光——PK阿拉斯加特别报道》，陈堃培撰文，《博物》2006年第2期；关键词：北极光，看极光的最好位置，北极光的形成原理。

4.《极光：为什么中国人要出国拍极光？》，李斌撰文，《中国国家地理》2015年第6期；关键词：极光的类型，观测位置，形成原因。

九 地球之"伤"

"合久必分,分久必合。"这句格言用在地球板块运动和海陆变迁史上,是十分适用的。最早,地球的表面是一块古大陆和一个泛大洋,后来就演变成了现在的七大洲、四大洋。不要急,它还会继续演变,可能变成八大洲、五大洋……那么,继太平洋、大西洋、印度洋和北冰洋之后的第五大洋,会出现在哪里呢?

时间匆匆又悠悠,我们在有生之年无缘看到新大洋的诞生,但是,我们可以看到它现在的样子。不错,它就是——东非大裂谷。

主题阅读

地球表皮上的大伤痕

当乘飞机越过浩瀚的东非大陆的赤道上空时,从机窗向下俯视,地面上有一条硕大无比的"刀痕"呈现在眼前,这就是著名的东非大裂谷,亦称"东非大峡谷"。这条长度相当于地球周长1/6的大裂谷,气势宏伟,景色壮观,是世界上最大的裂谷带,有人形象地将其称为"地球表皮上的一条大伤痕"。

东非大裂谷的整个形状可画成不规则三角形,最深处达2000米,宽为30—100千米,全长6000千米,是世界最长的不连续谷。若将东非大裂谷的详细地理位置以三角形的三个点来描述的话,南点在莫桑比克入海口,西北点则远到苏丹约旦河,北点则可进入死海,中间有相当多个湖泊、火山群。

东非大裂谷

关于东非大裂谷的形成原因,地质学家通过考察研究得出结论:这里处于非洲板块和印度洋板块的交界处,大约3000万年以前,这一地区的地壳处在大运动时期,整个区域出现抬升现象,地壳下面的地幔物质上升分流,产生巨大的张力,正是在这种张力的作用之下,地壳发生大断裂,从而形成裂谷。由于抬升运动不断进行,地壳的断裂不断产生,地下熔岩不断涌出,渐渐形成了高大的熔岩高原,高原上的火山则变成众多的山峰,而断裂的下陷地带则成为大裂谷的谷底。随着时间的推移,大裂谷的北段形成红海,使阿拉伯半岛与非洲大陆分离;马达加斯加岛在几条活动裂谷扩张作用下,也与非洲大陆分裂开来。

这条位于非洲东部的裂谷带中途分岔为东、西两支,后又会合。

东支裂谷带

东支裂谷是主裂谷,沿维多利亚湖东侧,向北穿越坦桑尼亚中部的埃亚西湖、纳特龙湖等,经肯尼亚北部的图尔卡纳湖以及埃塞俄比亚高原中部的阿巴亚湖、兹怀湖等,继续向北直抵红海,再由红海向西北方向延伸抵约旦谷地,全长近6000千米。这里的裂谷带宽几十至200千米,谷底大多比较平坦。裂谷两侧是陡峭的断崖,谷底与断崖顶部的高差从几百米到2000米不等。

西支裂谷带

西支裂谷大致沿维多利亚湖西侧,由南向北穿过坦噶尼喀湖、基伍湖、爱德华湖、艾尔伯特湖等一串湖泊,一直到苏丹境内的白尼罗河附近,向北逐渐消失,规模比较小,全长1700多千米。

东非裂谷带两侧的高原上分布有众多的火山,如乞力马扎罗山、肯尼亚山、尼拉贡戈火山等,谷底则有呈串珠状的湖泊约30多个。这些湖泊多狭长水深,其中坦噶尼喀湖南北长670千米,东西宽40—80千米,是世界上最狭长的湖泊,平均水深达1130米,仅次于北亚的贝加尔湖为世界第二深湖。

古往今来,东非大裂谷一直引人注目;当今世界,东非大裂谷的未来命运,更是举世关注。根据20世纪60年代美国"双子星"号宇宙飞船的测量,裂谷北段的红海扩张速度达每年2厘米;在非洲大陆上,裂谷每年加宽几毫米至

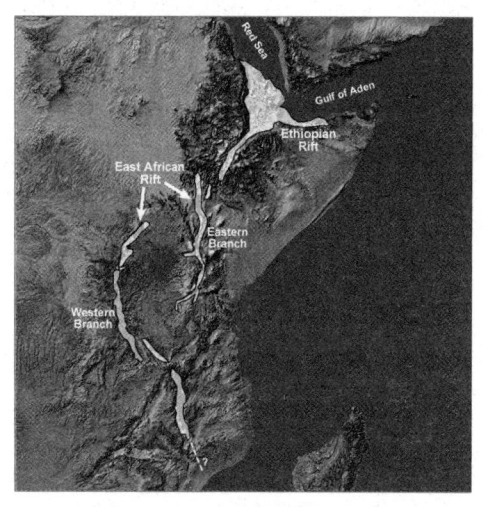

东西支裂谷带

几十毫米。1978年11月6日,地处吉布提的阿法尔三角区地表突然破裂,阿尔杜科巴火山在几分钟内突然喷发,并把非洲大陆同阿拉伯半岛又分隔开1.2米。一些科学家指出,红海和亚丁湾就是这种扩张运动的产物。他们还预言,如果照这种速度继续下去,再过2亿年,东非大裂谷就会被彻底撕裂开,形成新的大洋,就像当年的大西洋一样。但是,反对板块理论的人则认为这些都是危言耸听。他们认为大陆和大洋的相对位置无论过去和将来都不会有重大改变,地壳活动主要是做上下的垂直运动,裂谷不过是沉降区而已。在它接受了巨厚的沉积之后,将来也可能转向上升运动,隆起成高山而不是沉降为大洋。

2005年9月,埃塞俄比亚北部某地的地面突然下沉10英尺,迅速向两侧裂开,裂开的大洞足以将数头骆驼和数只山羊吞没。在接下来三周时间,这个地方发生了160次地震,形成了一个大裂缝。

英格兰利兹大学地球物理学家蒂姆·赖特使用卫星雷达数据,将这一裂缝的形成过程准确地拼合起来。当非洲和阿拉伯构造板块向两侧漂移时,两个板块之间的地壳会变弱。赖特说:"在地壳底部形成的岩浆会定期向下面滴,就像'熔岩灯'一样,形成一个腔状'气球','气球'逐渐膨胀。当这个'气球'达到临界压力时,它就会爆炸。"

据赖特估计,在未来100万年左右,裂缝将继续扩大,届时非洲之角将从非洲大陆完全脱离,形成地球上第八大洲——东非洲。赖特说:"这种地质过程始终都在发生,不过,地面裂开通常只发生在海底,那个区域人们很难看到。这是我们首次利用现代仪器直接观察这一极其重要的地质过程。"

这一发现轰动了科学界。2006年,来自英国、法国、意大利和美国的考察队纷纷前来阿法尔。经过分析和研究,他们预言一个新的大陆将会在100万年间形成,东非大裂谷将会比如今长10倍,东非的好望角将从非洲大陆上分离出去。对此,美国地质学家辛迪·艾宾格表示:"许多人认为剧烈的地质现象只发生遥远的古代,但是我们现在可以看见它们正在发生。"

裂谷带上的文明发祥地

东非大裂谷是人类文明最古老的发源地之一。20世纪50年代末期,在东非大裂谷东支的西侧、坦桑尼亚北部的奥杜韦谷地,发现了一具史前人的头骨化石。据测定分析,其生存年代距今足有

200万年,被命名为"东非人"。1972年,在裂谷北段的图尔卡纳湖畔,发掘出一具生代已经有290万年的头骨,与现代人十分近似,被认为是已经完成从猿到人过渡阶段的典型的"能人"。1975年,在坦桑尼亚与肯尼亚交界处的裂谷地带,发现了距今已经有350万年的"能人"遗骨,并在硬化的火山灰烬层中发现了一段延续22米的"能人"足印。这说明,早在350万年以前,大裂谷地区已经出现能够直立行走的人,属于人类最早的成员。

东非大裂谷地区的这一系列考古发现证明,昔日被西方殖民主义者说成的"野蛮、贫穷、落后的非洲",实际上是人类文明的摇篮之一,是一块拥有光辉灿烂古代文明的土地。

在人类起源的问题上,有两个概念:人类的起源和智人(晚期智人即现代人)的起源。对于人类的起源,学术界并无太大争议。对于智人的起源,学术界则存在两种假说。很多科学家支持"非洲起源说",即生活在世界各地的现代人类的祖先在大约20万年前起源于非洲,然后在距今10万年以内离开非洲,向亚洲和欧洲扩散。还有少数科学家支持"多地区进化说",认为各大洲人种是由当地的早期人类连续进化而来,即现代人是在欧亚非各自起源。

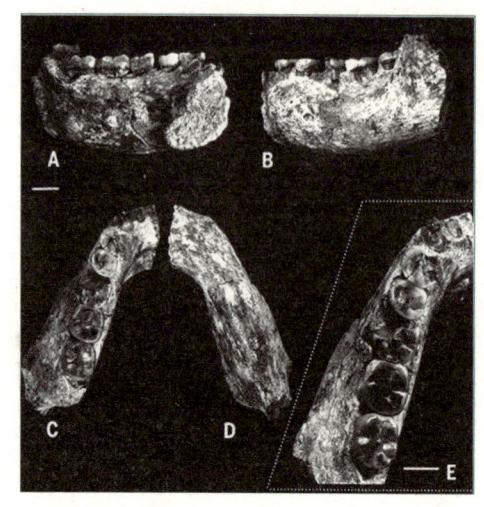

东非发现的不完整下颌骨化石

自20世纪80年代后期以来,一系列DNA研究证据为现代人"非洲起源说"提供了强有力的支持。但"非洲起源说"有一个缺陷:缺乏10万年前至20万年前现代人化石的支持。1997年,美国科学家怀特率领的国际研究组在埃塞俄比亚阿法尔盆地发现了3块人类头骨化石。几年后,他们在《自然》杂志上公布了轰动学界的研究结果。这些头骨化石的生存年代为距今约16万年前,是当时所发现的最古老的现代人化石。这一发现为"非洲起源说"增加了重要砝码。《自然》杂志发表文章称,科学家证实,1967年在埃塞俄比亚发现的两个人类头骨化石距今已有19.5万年历史。此前曾认为这两个头盖骨有15.4万年到16万年历史。这为现代人起源于非洲提供了新的证据。

裂谷的另一面

东非大裂谷虽然早期是地壳断裂的产物,但经过数千万年外力地质作用后,这里并不像人们想象的那样缺乏生机,相反这里有多样的火山、遍布的湖泊和丰富的生物资源,是真正的自然宝库和生物天堂。

多样的火山

在裂谷带两侧排列着众多火山,其中乞力马扎罗山、肯尼亚山最为有名。

乞力马扎罗山位于坦桑尼亚东北部,邻近肯尼亚。它由地下熔岩强烈涌动堆覆的三个圆锥形火山丘组成。主峰基博峰("乌呼鲁峰")高5963米,是非洲最高山峰,素有"非洲屋脊"之称。山峰雪线在海拔5000米左右,峰顶有一个直径2400米、深200米的火山口。口内冰雪覆盖,宛如巨大的玉盆。由于靠近赤道,气候炎热时,山麓的气温有时高达59℃,而峰顶的气温又常在-34℃。乞力马扎罗山的植被,因高度及坡向不同而发生明显的垂直变化,从热带稀树草原、热带雨林、亚热带常绿阔叶林一直到高山草地、荒漠、冰川,依次而上。翠绿的身姿顶托着洁白的玉冠,远在200千米之外就能映入人们的眼帘。极目望去,翠白相间,云雾缭绕,无不使人心神幻动。

乞力马扎罗山雪顶

遍布的湖泊

这条大裂谷带是一座天然储水库,有以维多利亚湖、坦噶尼喀湖和马拉维湖为主的数千个火山湖。这里集中了非洲大部分湖泊,较大的总共有30多个。

维多利亚湖位于东西支两大裂谷之间,大部分在坦桑尼亚和乌干达境内,是这两国与肯尼亚的界湖。它的面积为69000平方千米,是非洲最大的淡水湖,仅次于北美洲的苏必利尔湖。1860年,英国探险家斯皮克到此考察尼罗河的源头时,以英国女王维多利亚的名字命名该湖泊。维多利亚湖湖岸线曲折,常年有卡盖拉河等众多河流注入其中,湖水的唯一出口是北岸的维多利亚尼罗河,在那里形成了每秒达600立方米的里本瀑布。著名的尼罗河支流白尼罗河就发源于此。维多利亚湖水产丰富，尤以非洲鲫鱼、尼罗河鲈鱼最为有名。

坦噶尼喀湖位于东非大裂谷区的西支裂谷部位，属于标准的裂谷型湖，断裂作用形成了湖岸四周的高崖峭壁。蜿蜒曲折的湖岸线长达1900千米，湖泊深1470米，是仅次于贝加尔湖的世界第二深湖。面积33000平方千米，是世界第五大湖，为非洲的布隆迪、刚果民主共和国、坦桑尼亚和赞比亚四个国家共有。坦噶尼喀湖景色秀丽，气候宜人，周围植物生长繁茂，野生动物成群出现。湖中多鳄鱼和河马，周围有大象、羚羊、狮子、长颈鹿等，是世界著名的"鱼鸟故乡"。

丰富的生物资源

草原是裂谷带的重要景观。这里草原不仅面积大，而且集成了非洲大部分特征性动物资源。马赛马拉和塞伦盖蒂两个国家公园是草原的典型代表，它们虽分属肯尼亚和坦桑尼亚，但却连成一体。

马赛马拉国家公园位于肯尼亚的西南角，面积1500多平方千米，与坦桑尼亚的塞伦盖蒂野生动物园毗邻，是世界上最著名的野生动物保护区之一。这里野生动物不仅种类多，而且种群数量大，主要动物有猎豹、非洲象、黑犀牛、河马、斑马、长颈鹿、野牛、牛羚、羚羊、狮子、斑鬣狗、山地小苇羚、豺狗、瞪羚、蝠耳狐、蜜熊、獴、

维多利亚湖瀑布

河狸、疣猪、狐狼、红鹳（火烈鸟）、秃鹫和7种灵长类动物。在一望无际的原野上，每到雨季到来的时候，会有140万只角马和20万只斑马从坦桑尼亚向北迁徙到马赛马拉，隆隆的蹄声像闷雷一样此起彼伏，壮观无比。它们在季节性的水源地和草场之间来往迁徙。可以说，东非大裂谷是一座真实的热带动植物资源宝库。

拓展提升

在东非大裂谷肯尼亚境内的谷底，有一条很重要的纬线——"赤道线"。它与东支裂谷带呈"十字"交叉，坐落在肯尼亚境内，因此，肯尼亚获得了一个十分有趣的称号——"东非十字架"。肯尼亚当地人似乎了解这条"赤道线"的重要意义，他们用一桶水、一根火柴棍，做了一个课本上根本学不到、做不到的通俗试验：在赤道线上任意一个点，用一个大塑料碗装满水，在碗底的中央开一个小孔，让水漏出去。这时，在水面上放一根火柴棒，它会纹丝不动，直到水全部流光，依然在原来的位置、朝着原来的方向。

思考：如果将这个实验挪到赤道线的南边进行，火柴棒会怎么转动？要是挪到赤道线的北边呢？这里的动植物资源丰富，外形特色明显，造成这种特点的原因是什么？

延伸推荐

1.《地球脸上最美丽的伤痕——揭秘东非大裂谷》，邓勃著，花城出版社2008年；关键词：东非大裂谷，自然景观，人文景观。

2.《走进东非大裂谷：一位中国探险家的埃塞俄比亚旅行日记》，张波著，人民邮电出版社2011年；关键词：东非大裂谷，地质成因，地理风貌，历史古迹，珍稀物种，火山化石，古人类考古遗迹，部落风俗。

3.《神秘的奥莫河谷：走进东非大裂谷的原始部落群》，张波著，北京时代华文书局2017年；关键词：非洲，古老部族，历史文化，风俗观念。

4.《翻开非洲大陆上的四张画卷：东非大裂谷，看得见的远古洪荒》，桂涛撰文，《中国国家地理》2014年第6期；关键词：东非大裂谷，奇观，风情。

5.纪录片《东非大裂谷》，英国广播公司（BBC）2010年；关键词：野生动物，湖泊和河流，东非大草原。

十 "牛羊成群"的撒哈拉

"牛羊成群"？你一定是搞错了！撒哈拉是个大沙漠，怎么可能会有牛羊？

是的，撒哈拉地区现在是大沙漠。但是，我们没有搞错，我们说的是，撒哈拉地区曾经"牛羊成群"。这两者之间并不冲突。

就像南极地区也曾经绿树成荫，经过海陆的变迁，它害羞地用冰雪盖住了自己以往的热情……而撒哈拉则是用炎炎黄沙遮住了自己曾经美貌的外表。

就像一个叛逆的少年，撒哈拉曾经植物茂盛、河流纵横，是许多动物的乐园；随着年龄的成长、时代的变迁，它很任性地发起了脾气——升高了温度，刮起了风暴，赶跑了牛羊……

撒哈拉沙漠

主题阅读

沙漠之最

撒哈拉沙漠是世界上最大的沙漠，也是地球上除南极洲之外最大的荒漠。撒哈拉在阿拉伯语中便是"大荒漠"的意思。因此，撒哈拉沙漠是世界上自然条件最恶劣、最不适合生物生存的地方。

撒哈拉沙漠横贯非洲北部，西部从大西洋沿岸开始，北部以阿特拉斯山脉和地中海为界（约北纬35°），东部直抵红海，南部到达苏丹和尼日尔河河谷，东西长达5600千米，南北宽约1600千米，总面积约907万平方千米，约占非洲总面积的32%。撒哈拉沙漠可分为几部分：西撒哈拉；中部高原山地包括位于阿尔及利亚的阿哈加尔高原，位于尼日尔的艾尔高原和位于乍得的提贝斯提高原；东部是最为荒凉的区域，为特内雷沙漠和利比亚沙漠。

一、形成原因

非洲地跨赤道南北两侧，南北热带区全年多半时间气温都很高，为撒哈拉的形成提供了条件。

1. 地理位置的影响

北非位于北回归线两侧，常年受副热带高气压带控制，盛行干热的下沉气流，且非洲大陆南窄北宽，像一个平等边三角形，受副热带高压带影响的范围大，干热气候笼罩大部分地区。

2. 季风的影响

北非与亚洲大陆紧邻，东北信风从东部陆地吹来，不易形成降水，使北非更加干燥。

3. 地形地势的影响

北非海岸线平直，埃塞俄比亚高原像一座屏障，正好阻挡温润气流的到来，是广大内陆地区不易受海洋的影响、降水量稀少的主要原因。

4. 寒流的影响

北非西岸有加那利寒流经过，对西部沿海地区起到降温减湿的作用，寒流经常经过的地方环境逐渐恶劣，使沙漠逼近西海岸。

撒哈拉沙漠沙暴

北非地形单一，地势平坦，起伏不大，气候单一，沙漠化进展迅速，形成大面积的沙漠地区。

二、自然特征

1. 地形

撒哈拉沙漠主要的地形特色包括：浅而季节性泛滥的盆地和大绿洲洼地，高地多石，山脉陡峭，以及遍布的沙滩、沙丘和沙海。沙漠中最高点为3415米的库西山顶，位于查德境内的提贝斯提山脉；最低点为海平面下133米，位于埃及的盖塔拉洼地。

2. 气候

撒哈拉沙漠气候由信风带的南北转换所控制，常出现许多极端天气。它有世界上最高的蒸发率，并且有一连好几年没降雨的最大面积纪录。由于特殊的地势和地理位置，撒哈拉沙漠有两种主要的气候：北部是干旱副热带气候，南部是干旱热带气候。干旱副热带气候的特征是季节和昼夜的气温变化幅度大，夏季降水量达到最高。利比亚的阿济济耶最高气温曾达到创纪录的58℃。干旱热带气候的特征是随太阳的位置有一个很强的年气温周期，温和干旱的冬季和炎热干旱的季节之间有个反复多变的短暂的雨期。

3. 水系

几条源自撒哈拉沙漠以外的河流为沙漠提供了地面水和地下水，并吸收其水系网放出的水。尼罗河的主要支流在撒哈拉沙漠汇集，河流沿着沙漠东边缘向北流入地中海；尼日尔河水在几内亚的富塔贾隆地区上涨，流经撒哈拉沙漠西南部然后向南流入海。从阿特拉斯山脉和利比亚、突尼斯、阿尔及利亚以及摩洛哥的沿海高地流入的溪流和干河床（季节性溪流）提供了额外的水量。撒哈拉沙漠的沙丘储有相当数量的雨水，沙漠中的各处陡崖有渗水和泉水出现。

撒哈拉沙漠绿洲

4. 土壤

撒哈拉沙漠的土壤有机物含量低，且常常无生物活动，尽管在某些地区有固氮菌。洼地的土壤常含盐。沙漠边缘上的土壤则含有较集中的有机物质。撒哈拉沙漠干旱地貌类型多种多样，由石漠（岩漠）、砾漠和沙漠组成。石漠多分布在撒哈拉中部和东部地势较高的地区，尼罗河以东的努比亚沙漠主要也是石漠。砾漠多见于石漠与沙漠之间，主要分布在利比亚沙漠的石质地区、阿特拉斯山、库西山等山前冲积扇地带。

十 "牛羊成群"的撒哈拉

撒哈拉沙漠石漠

浩瀚的撒哈拉沙漠那令人窒息的高温、强烈的沙暴和恶劣的气候条件，虽然常常使人"谈漠色变"，但其变化多端的大漠景致、连绵不断的沙丘轮廓线、质地特殊的各色沙石以及造型精美的特色石雕，又强烈地吸引着人们不断前往探险和游览。

"沙漠壁画"之谜

从地球上的上空俯瞰地球，人们会发现一大片黄色荒漠的世界——它就是几乎占去非洲一半面积的撒哈拉大沙漠。这里干旱少水、大地龟裂、植物稀少，但你相信吗，它也曾有过高度繁荣昌盛的远古文明？许许多多绮丽多姿的大型壁画就是这一文明的结晶。

沙漠壁画的发现，是近代出现的事。1850年，德国青年探险家巴尔斯来到这里考察，无意中发现岩壁上刻有鸵鸟、水牛及各式各样的人物像。由于缺乏考古知识，当时他没有予以足够的重视。

1933年，法国骆驼骑兵队来到撒哈拉，偶然在沙漠中部的塔西利台·恩阿哲尔高原上发现了长达数千米的壁画群，都绘在受水侵蚀而形成的岩阴上，刻画了远古人们生活的情景。法国布莱昂少尉将此消息公布于世，立刻引起了世人的注意，欧美一些考古学家、考察队纷至沓来。1956年，亨利·罗特率法国探险队在沙漠中发现了1万件壁画，翌年将壁画复制品及照片带回巴黎，一时成为轰动世界的奇闻。

另外，人们在沙漠中还发掘出了100多个新石器时代的村落遗址。从发掘出的大量文物来看，在距今大约10000年至4000多年前，撒哈拉是大草原、草木茂盛的绿洲，当时有很多部落或民族在这里劳动、生息、繁衍，创造了高度发达的文化，其主要特征是磨光石器的广泛流行和陶器的制造。壁画中还有撒哈拉文字和提斐那古文字，说明当时的文化已发展到相当高的水平。

沙漠壁画的表现形式和手法相当复杂，颜色丰富，人物生动。从颜色上看，它是把台地上的红岩石磨成粉末，加水做颜料冷制而成的。由于颜料的水分充分地渗入岩壁内，与岩壁长久接触引起了化学变化，溶为一体。所以，画面的鲜明度能保持很长时间，经几千年的风吹日晒，颜色至今仍鲜艳夺目。

从人物的形象特征看，有的像雄壮的武士，手持长矛、圆盾，乘坐在战车上迅猛飞驰，表现了战士出征的场面；有的手持弓箭，身材魁梧，高达108米，表现了用弓箭射击和狩猎野牛的场面。人像中，有些身缠腰布、头戴小帽，有些不带武器，像是敲击乐器的样子，有些似做献物状，像是欢迎'天神'的降临，是祭神的象征性写照，有些做翩翩起舞的姿势。

撒哈拉壁画（狩猎）

从内容上看，当时人们之间是经常发生战争的，战士们以战争作为自己的职业，狩猎在经济中占有突出地位。这也很可能是因为当时人们很喜欢在战争、狩猎、舞蹈和祭祀前后作画于岩壁上，借以表达他们对生活的热爱和憧憬，或者用画来鼓舞情绪，具有浓郁的生活气息，体现了非洲人民勤劳勇敢、乐观豪迈的民族性格和鲜明的地方特色。

壁画中的动物，马的数量最多。一些学者推论，几千年前，撒哈拉还是大草原，因为草、水是大批马匹生存的自然环境。描绘水牛形象的壁画也有很多，也可以证明此处是大草原。此外，还有鸵鸟、大象、羚羊、长颈鹿等，形象生动，神态逼真。

撒哈拉壁画（水牛）

而描绘"沙漠之舟"骆驼的壁画，只在极少数地区才有发现，而且根据C14的测定，这些骆驼形象的壁画都是后期的作品，在前期的壁画中没有骆驼的形象。约在公元前400年至公元前300年，当撒哈拉成为沙漠后，骆驼才从西亚来到撒哈拉，这正是罗马共和国的疆土扩张的时期。

撒哈拉壁画（骆驼）

据一些考古学家和地质学家考证，在约六千多年前，撒哈拉曾处于高温和多雨期，以塔西利台地为起点，北到突尼斯洼地，南到基多湖畔，构成了庞大的西北水路网。多雨期使台地出现了许多积水池，各式各样的动植物就繁殖起来，高度发达的撒哈拉文化因而昌盛一时。

有些学者认为，公元前5000年至公元前3500年左右，在撒哈拉居住着很多狩猎或游牧部落；公元前3500年至公元前2000年左右，是"骑乘时代"即马的时代；公元前400年至公元300年左右，随着气候变化，昔日的大草原变成了大沙漠，撒哈拉进入"骆驼时代"。

但这仅是部分学者的推论，目前尚难以断定是否正确。是谁又是在什么年代创造了这些瑰丽的沙漠壁画？刻画巨画的目的又是什么？撒哈拉的神秘仍在继续。

沙漠变粮仓

让沧海变桑田，让高山变平地，让沙地变绿洲……这些曾经的想象对已经掌握了各种科技手段的人类来说，已经成为可能。这次，让我们的想象再大胆些：让沙漠变绿洲，而且是让世界上最大的沙漠——撒哈拉沙漠变为粮仓。

地理学家经过广泛的调查和研究，信心十足地告诉我们，与其他沙漠相比，撒哈拉沙漠有强烈的光照及丰富的矿物质，一旦获得大量的灌溉水，就一定能让撒哈拉回到从前的美好时光。

计划一：把海水引进来

这是最简单的方法。撒哈拉沙漠三面临海：东面是红海，西面是大西洋，北面是地中海。把取之不尽、用之不竭的海水引进干旱的沙漠，该有多好！

正巧，撒哈拉沙漠中有三处比海平面还低的盆地，那里离地中海也不太远，它们是阿尔及利亚的梅勒吉尔盆地、突尼斯的杰里德盆地和埃及的卡塔腊盆地。借助地面运河或地下渠道将海水灌入盆地，就有可能形成三个面积可观的人工海水湖。

当然啦，这些海水湖里的水是不能用来灌溉庄稼的。但有了人工海水湖，可以改变周围地区的气候，大大增加降雨量，使沙漠的气候变得潮湿、凉爽。同时，利用地中海与这些内陆湖的高度差，可以建水电站，而电能又会为改造沙漠做出贡献。

现在，埃及政府正在计划开凿一条运河，将地中海的水引进卡塔腊盆地。运河凿通后，修建的水电站将能年发电50亿度，这相当于埃及全国电力需求量的20%。

如果资金允许，可以先在撒哈拉沙漠里修建核电站或太阳能电站，这样，就可以利用价格低廉的电能将引过来的海水淡化，那么，流入这三个人工湖里的水就是可以直接用来灌溉的淡水了。

计划二："远水"来解"近渴"

地理学家在撒哈拉沙漠中调查时，找到了许多干涸的古河道。他们发现，从前的尼日尔河并不是流入几内亚湾，而是往东北方向一直流向撒哈拉沙漠的西部。后来，由于地壳运动，尼日尔河的中下游突然拐了个弯，向东南方向流去了。那么，如果在尼日尔河大拐弯的地方建造一些水利工程，比如穿山渠道，就完全有可能使尼日尔河恢复以往的河道，流向撒哈拉沙漠深处。

刚果河是非洲流量最大的河流，尽管它距离撒哈拉沙漠较远，但它的上游与乍得湖的上游离得比较近，同时，其上游流经一处岩石峡谷，要是在那里建造水坝，就可以汇聚成一个20万平方千米的淡水湖。再开凿一条较短的运河，把水引到乍得湖这个"中转站"，然后从那里将水引向撒哈拉沙漠各处，这样，"远水"就解得了"近渴"啦！

这样的设想听起来的确很难让人相信，然而，谁又能保证这一切不会发生呢？也许真有一天，地图上会出现一个新的地名：撒哈拉绿洲。

计划三：地下有片"沉睡海"

科学家还发现，在撒哈拉这片茫茫无际、酷热干旱的沙海下面其实还藏着一个浩瀚的"地下大海"，它的水量有30万立方千米，相当于尼罗河每年入海流量的12倍，称得上是"世界上最大的地下水库"！这是因为撒哈拉沙漠地区曾经水草丰茂，造成了巨量积水"沉睡"地下。

这个"地下大海"在埃及、利比亚、苏丹和乍得等国家的地下迂回流动，在这些国家，有的地方只要开凿50—100米深的水井，就会喷出水来。目前，非洲有些国家已经制定了开发这片"地下大海"的规划——在有地下水蕴藏的地区打一系列水井，来扩大灌溉面积。走在最前面的是埃及政府，他们已经制定了一项利用撒哈拉沙漠的"花园计划"。根据这项计划，东至尼罗河、西邻利比亚、南接苏丹的8400平方千米沙地，将在10年之内变为郁郁葱葱的花果园。

（作者：颜士州；选自《红领巾·探索》2017年第5期）

拓展提升

据英国媒体报道,号称"全球最热"的撒哈拉沙漠地区,2018年1月7日又迎来一场降雪。这场雪是在被称为撒哈拉"沙漠之门"的阿尔及利亚艾因塞夫拉小镇飘落的,降雪厚度达到了1米!据悉,这是1979年以来撒哈拉的第3次连续降雪。

撒哈拉沙漠气候由信风带的南北转换所控制,常出现许多极端现象,撒哈拉地区的山脉出现降雪是有可能的,但沙丘上出现降雪是极为罕见的。其实,艾因塞夫拉镇位于海拔1000米以上的沙漠地区,四周被阿特拉斯山脉包围,虽然处于撒哈拉沙漠中,但1月平均气温低至6℃,7月高温可达38℃,这也为下雪创造了条件。

思考:高温、干旱、少雨的撒哈拉为什么会下雪?此外,过去几十万年来,撒哈拉地区的气温和湿度几经转变,虽然如今的撒哈拉沙漠非常干旱,但以后撒哈拉沙漠会再一次变得绿意盎然吗?

延伸推荐

1.《少年冒险家:撒哈拉沙漠大冒险》,王连华、王连文著,电子工业出版社2017年;关键词:撒哈拉沙漠,自然环境,动植物生存状态,人文风光,野外生存。

2.《穿越终极荒野手记:撒哈拉沙漠》,[美]史维夫特著,陆庆珍译,吉林文史出版社2013年;关键词:撒哈拉沙漠,自然风光,风土民情。

3.《撒哈拉的故事》,三毛著,北京十月文艺出版社2011年;关键词:沙漠生活,地形地貌,风土人情。

4.《横穿撒哈拉——一位中国环境科学家穿越撒哈拉的笔记》,袁国映撰文,《中国国家地理》2002年第7期;关键词:古驼道,热带沙漠,风沙,绿洲。

5.《撒哈拉怪石出没!》,穆夏、金飞豹撰文,《博物》2011年第10期;关键词:沙地,石头,火山柱。

十一　世界最大的淡水湖群

五大湖是世界最大的淡水湖群，为沿湖城市提供了大量工业和生活用水；五大湖也是北美洲主要的内陆渔业集中区，与密西西比河有多条运河相通，连成庞大的内河航运系统；五大湖还是世界著名的旅游胜地之一，每年都吸引着国内外数以百万计的游客来此游览度假。

你想一探五大湖的前世今生吗？

你想了解五大湖对人类的馈赠吗？

你想抚慰暗自垂泪的五大湖吗？

你在期待一次"不走寻常路"的美国之旅吗？

如果答案是肯定的，那就撇开被别人走了无数遍的常规路线，把目光投向五大湖地区，让我们一起来探索美国中西部这片广袤土地吧！

主题阅读

冰去湖来

五大湖是美国和加拿大之间五个相连湖泊的总称，从西向东依次为苏必利尔湖、密歇根湖、休伦湖、伊利湖和安大略湖。五大湖是北美洲中东部圣劳伦斯水系的重要组成部分，是北美大陆，也是世界最大的淡水水域，总面积约达245660平方千米，素有"北美地中海"之称。五大湖的流域面积约为753900平方千米，南北延伸近1110千米，从苏必利尔湖西端至安大略湖东端长约1400千米。湖水大致从西向东流，注入大西洋。除密歇根湖和休伦湖外水平面相等外，各湖水面高度依次下降。而且，除密歇根湖外，其余四湖均为美国和加拿大共有。船舶驶入这片淡水湖群，可以一直航行一天以上不见岸，甚至时有船舶在汹涌的波浪中沉没的事故发生。

五大湖是始于约100万年前的冰川活动的最终产物。第四纪时，北美大陆北部广大地区受到大陆冰川的侵袭。五大湖地区接近拉布拉多和基瓦丁两个大陆冰川的中心，几次大冰期时都被冰川所覆盖，冰川所覆盖的范围大致在俄亥俄河—圣路易斯—堪萨斯—密苏里河及加拿大的卡尔加里一线以北,约占北美洲面积的一半。此处冰盖厚达2400米,具有强烈的刨蚀作用,使原有低洼谷地松散的沉积层和较软的岩层被冰川带走,将谷地拓宽和加深。五大湖以南即为冰川的南缘,冰川所携带的泥沙和大小石块在这里不断堆积,形成终碛丘,这样就形成了目前五大湖巨大的湖盆。气候转暖时,大陆冰川开始消退,融化的冰水受终碛丘的阻碍,聚积于冰蚀洼地之中,就形成了五个大的湖泊。

一、苏必利尔湖

世界上面积最大的淡水湖,是五大湖中海拔最高、湖盆最深、蓄水量最多的湖。湖区气候冬寒夏凉,多雾,风力强盛,湖面多波浪。湖水水面季节变幅为40—60厘米,冬季水位较低,夏季较高。湖水水温较低,夏季中部水面温度一般不超过4°C。冬季湖岸带封冰,全年可航期一般约6—7个月。

二、密歇根湖

五大湖中唯一完全位于美国境内的湖泊。湖泊对气候具有明显的调节作用,西风盛行使东岸冬暖夏凉,早秋晚春不冰冻。其南岸平直,沙丘广布,建有人工港;北岸曲折,多湖港和天然良港。

三、休伦湖

岛屿、半岛斜贯,将湖域分为东、西两部分。湖中的马尼图林岛,是世界淡水湖中面积最大的岛。岛上湖沼众多,马尼图林湖是世界最大的湖中之湖。湖岸有沙滩、砾石滩和悬崖绝壁,风景优美,是休养、娱乐胜地。

四、伊利湖

五大湖中最浅的湖泊,多强烈风暴,常引起湖面波动,加之水浅,对航运有一定影响。12月初至次年4月初,湖面封冰,可航期为8个月。

五、安大略湖

西南面承受上游四大湖的水量,经圣劳伦斯河注入大西洋。建有许多运河,与周围湖、河沟通。1959年,圣劳伦斯深水航道完成,其航运地位更显重要。12月至次年4月中旬沿岸带封冻,全年可航期一般达8个月。

湖群的馈赠

五大湖区南部自然景色非常优美,尤其是夏秋季节。沿着密歇根湖和伊利湖的湖岸,湖光水色,十分美丽,特别是湖滨地区到处生长着种类繁多的针叶林、阔叶林,冬春季节气候寒冷,景色比较单调，但到了夏秋两季，红色的枫叶与翠绿的松杉相互辉映，构成这一带美丽的自然景色，还有一望无际的丛林和湖边青绿的草地，犹如绿色海洋。

伊利湖

在五大湖区的森林中，生存着许多珍贵的野生动物，如美洲麋、熊、狼和狐狸等，湖中有美洲水貂、水猴和海狸等，偶尔还可看到极为罕见的北美野牛。

五大湖区不仅风景秀丽，而且地下矿产资源相当丰富，储量大，品种多，质量好，开采条件也很便利。湖东面的阿巴拉契亚山地是美国最重要的煤田，其煤炭储量占全国的一半。苏必利尔湖的西面和南面是美国重要的铁矿产区，蕴藏量约占全国的80%。在休伦湖和密歇根湖沿岸，还有丰富的石灰石、锰、铀、金、银、铜、盐等矿产资源。

五大湖具有重要的航运价值，对附近地区的经济发展起着很大的促进作用。五大湖不仅彼此相连，而且还有许多天然水道和运河与海洋连通。例如，安大略湖东经圣劳伦斯河可通圣劳伦斯湾，伊利湖经伊利运河与哈得孙河在纽约附近连接大西洋，密歇根湖的西南面有伊利诺斯运河与密西西比河相通，从五大湖可一直向南进入墨西哥湾。为了使大型远洋海轮可直接驶入五大湖最西部的苏必利尔湖沿岸，美、加两国开通了圣劳伦斯海轮新航道，沿湖许多大城市可与世界一些大港口直接通航。这样，不仅五大湖沿岸各城市之间联系便利，而且五大湖地区与北美洲及世界各地的来往也更为频繁，进一步促进了这一地区的经济发展。

五大湖区丰富的铁矿资源以及廉价的水运条件，对美国的钢铁工业发展起到很大作用。目前，在五大湖区南岸和西岸形成了五大钢铁工业中心，即芝加哥、克利夫兰、底特律、德卢斯和托利多。生产和资本的高度集中，对五大湖区的钢铁工业产生巨大影响，近年来也出现了美国钢铁工业重心由大西洋中部各州向五大湖沿岸转移的趋势。

另外，五大湖附近还拥有丰富的水力资源。仅伊利湖与安大略湖之间的尼亚加拉瀑布附近，就蕴藏着600万千瓦以上的水力资源。目前，美、加两国在这里分别兴建了水电站，装机总容量约300万千瓦。

如今在五大湖区漫游，50年前那种恬静优美、草木丛生、湖光倒映的自然景观已经不多见了，取而代之的是那些大片的城市建筑物沿着湖滨伸展开来，一条条高速公路和各种密如蛛网的铁路专用线分布在湖滨肥沃的土地上。在城镇连绵区，栉比鳞次的大厦，高大的烟囱，繁忙的港口码头，城市附近的湖水蓝天，都使人感到五大湖沿岸的生态环境在变化着、演变着，令人目不暇接。

五大湖自我"洗肺"

近些年，美国和加拿大的科学家对五大湖进行了多方面调查，得出了惊人的结论：五大湖已经开始自发地向大气中呼出体内的污染物。自1992年以来，大量的多氯化联（二）苯（PCBs）、氧桥氯甲桥萘等有害物质被湖水排放到大气中，对此，科学家们欣喜地惊呼："五大湖在自我洗肺！"过去备受污染的五大湖出人意料地开始"自疗"，这不仅引起了美、加环保专家的重视，也引起了世界环保界的关注。

一、五大湖开始呼出毒物

五大湖地处北美洲中部，呈不规则形态分布在美国与加拿大之间，由于美国人在历史上开通了运河，五大湖连为一体，形成了一条镶嵌在北美广袤土地上的蓝色玉带，养育着千千万万的美国人和加拿大人。负责监测五大湖环境状况的组织"大气沉积共生网络"是由美国、加拿大两国合作组建的一个专门机构，多年来，该组织在各大湖周围建立了一系列监控站，并与在太空中运行的气候卫星相联系，严密监视着五大湖的一举一动。科学家们根据地面、太空收集到的大量资料，对20种典型的大气污染元素进行了跟踪调查。通过详细的对比和分析，科学家们发现，目前五大湖的污染程度正在减轻，过去湖水中常见的有害化学元素含量大大地减少。1992年至1996年，五大湖将大约10吨的PCBs释放到了大气中，被禁用的农药氧桥氯甲桥萘的含量也被蒸发掉了4吨，连最小的安大略湖也差不多释放出了2吨的PCBs。负责领导此项研究的加拿大环保专家凯斯·帕基特高兴地说："当你想到五大湖就像5个巨肺，过去50年来一直在从空气中吸入污染物质，而现在许多此类的污染物含量降到了平衡点之下，五大湖的确是在开始呼出毒物了。"

二、大湖区的环保历程

五大湖地区在美国和加拿大习惯上被称为"大湖区"。大湖区以"铁锈带"

而闻名，是北美至关重要的重工业地带，当地公司所产钢铁占北美总产量的60%。这一地区的汽车产量同样占北美总产量的60%。底特律是举世闻名的汽车城，美国汽车制造商通用汽车、福特以及与德美合资的梅赛德斯—克莱斯勒的主要基地都在这里。大湖区还是美国、加拿大两国重要的农业和渔业产地。

工业的猛力发展、汽车的日益普及以及化肥、杀虫剂的广泛使用，使五大湖受到了严重污染，湖水所含有害化学元素逐年增多，有的是来自工业废水，有的来自化肥和有害农药。工业废气、汽车尾气、家用壁炉烟气污染了当地空气，同样极大地影响了五大湖的水质。从20世纪70年代开始，五大湖环境污染的严重局面受到了美、加两国政府、环保机构以及公众的重视。美国、加拿大两国政府签订协议，建立机构共同努力治理大湖区的环境，一大批旨在改善大湖区环境的政策、项目出台并付诸实施，取得了良好的效果。比如，早在1983年，大湖区附近的8个州——伊利诺伊、印第安纳、密歇根、明尼苏达、纽约、俄亥俄、宾夕法尼亚和威斯康星就建立了大湖区州长委员会，后来加拿大的安大略和魁北克省也加入其中。这一委员会的目标很简单，就是"鼓励和促进有利于环境的地区经济增长"。通过这一委员会，大湖区的10个州和省不仅在环境保护方面互通信息、协调行动，制定出许许多多改善环境的项目，而且在当地教育、福利改革、贸易以及土地使用管理方面也十分注重可持续发展。大湖区各州和省声称要成为北美保护自然资源和拥有世界级可持续发展经济的先锋。

三、有待进一步保护

2001年上半年，美国政府提出了新的能源政策，其中一个引起极大争议的问题就是要在美国阿拉斯加等地开发石油和天然气。6月28日，美国国会众院专门开会讨论了在大湖区开采石油和天然气的议题，最后以265票对157票通过了禁止在大湖区进行钻探开发的议案。这说明保护大湖区的自然环境在全美国成为共识。

经过努力，大湖区目前的自然环境得到了明显的改善，五大湖基本上达到了水清鱼肥，密歇根湖和伊利湖清澈见底的湖水、柔软细腻的沙滩迎来了如织的游人。

拓展提升

"春天在哪里"是美国东北部地区居民近来发自内心的感慨，在北半球很多相同纬度地区逐渐进入春暖花开的季节之时，纽约居民们从2017年11月开始穿上身的冬装却迟迟脱不下来。美国东北部自2018年3月以来已经遭遇了四场暴风雪，纽约、华盛顿、波士顿等地区出现了-25℃左右的极寒天气和10—45厘米的降雪。暴风雪导致数人丧生，多地断电，10000多架航班取消。

其实，美国东北部暴风雪的形成主要是五大湖的"大湖效应"所致。在秋天到来时，五大湖区逐渐变冷，但冬季不会完全封冻，掠过湖面的冷空气从湖中获得水分和热量，形成暖湿气流，但当其冲向岸边时，遭遇气温骤降，从而就形成了降雪。这就是"大湖效应"。如果水面结冰，水汽供给停止，"大湖效应"就会停止。当冷空气从西北方向袭来，地理位置绝佳的五大湖同时发生"大湖效应"，便会令位于东南方向的城市遭遇强降雪。

思考：结合美国"大湖效应"的案例，分析中国有哪些地区会发生"大湖效应"。

延伸推荐

1. 纪录片《国家地理：透视北美五大湖》，美国2012年；关键词：五大湖，地质演化，人类活动。

2. 纪录片《地球的起源：北美五大湖区》，美国2009年；关键词：五大湖，形成原因，地质变化。

十二 "地球之肺"

世界上的热带雨林并非一处，非洲雨林令人感受到的是自然的野性，而亚马孙带给人们的却是说不出的神秘感。林中穿行的亚马孙河、不知名的奇异生物、淹没其中的古老文明、出没无常的原始居民……它的一切都透出一种南美特有的蛊惑与神秘，令人谈起它时既望而生畏又悠然神往。

热带雨林吸收二氧化碳，制造氧气，被誉为"地球之肺"。在亚马孙丛林中，生活简单纯粹，人们依靠雨林自给自足，但有一天，伐木公司带着重型机械闯进来，一切都不一样了……

同学们，来个深呼吸，让我们一起深入亚马孙，探索神秘的"地球之肺"，感受热带雨林的美丽与伤痕，并轻轻拂去亚马孙伤心的泪……

主题阅读

肺：活力无限

亚马孙雨林位于南美洲北部，从安第斯山脉低坡延伸到巴西的大西洋海岸，包括巴西等6个国家的广大地区，总面积约700万平方千米，是当今世界上保存最原始最完好的热带雨林区。

雨林动物知多少

亚马孙雨林环境复杂，物种繁多，现在已知的动物和鸟类就超过了10万种。这片世界最大的雨林地带栖息着猴子、树懒、蜂鸟、金刚鹦鹉和蝙蝠等，水中聚集着凯门鳄、淡水龟、海牛、淡水海豚等，陆地则生活着美洲虎、细腰猫、貘、水豚等，另外还有2500多种鱼、1600多种鸟。

在亚马孙热带雨林约15000种动物中，有8000多种为巴西所特有：世界最小的体长仅40厘米的猴子狨，倒挂在树

巨蚺　　　巨趾树懒
猴子狨　　九带犰狳

上能几小时不动的三趾树懒,浑身披有"盔甲"、遇敌便蜷成球形的犰狳,长达10米的巨蚺和色彩绚丽的热带鱼等。

雨林植物真奇妙

顾名思义,雨林是因为这种森林的分布地区年降水量极高而得名的。亚马孙雨林常年高温高湿,无数种植物都在这里繁衍生息。据统计,地球上约有1/5的动植物都生长在这里,是名副其实的"生物科学家的天堂"。雨林的树木体型十分巨大,而且树冠层比较密集,物种极为丰富,但没有一个物种能够成为优势种。由于树冠层遮挡了太多阳光,加之掉落在地上的营养物质迅速分解流失,因此在雨林中,无论是灌木还是草本植物,都不太适宜在树冠层下生存,只有一些耐阴湿的种类能够顽强生长。

雨林中的高大树木

雨林中除了高大的树木之外,附生、腐生和寄生植物可谓独具特色。典型的附生植物如一些兰花、凤梨类,它们不需要生长在地面,而是附着在树木的枝干上,这样有助于更充分地接受阳光照射。

雨林中的腐生植物

雨林新物种频亮相

世界自然基金会发布报告称,自2010年来,亚马孙探测队在南美洲的亚马孙热带雨林里又发现了441个新物种,包括258种植物、84种鱼类、58种两栖动物、22种爬虫、18种鸟类和1种哺乳动物,这些数字还不包括新发现的昆虫和无脊椎动物。

在这些新物种中,有很多有趣的物种,包括叫声像猫的猴子、吃素的食肉鱼、身上有耀眼色斑的蜥蜴等。其中,叫声像猫的猴子是一种伶猴的幼儿,在欢乐时发出的叫声像猫儿一般。参与发现这种猴子的探测队员德弗莱尔说:"当它们觉得满足时,会相互发出猫儿般的叫声,我们抚养的幼儿也会朝我们发出猫叫声。"探测队也发现素食食肉鱼，这种鱼生活在巴西的岩石急流中，靠吃水生草本植物生存。许多最近发现的植物和动物家族不大，而且只在亚马孙的小范围内生存。例如，新发现的一种类似凤尾鱼的鱼儿，适应了秘鲁洛雷托地区一个小湖的低氧环境，世界其他地方并没有发现它的踪迹，这使得它和这类栖息地的小的物种更加脆弱。

刀斧之工，切肺之痛

根据发表在美国《科学》周刊上的一篇研究报告，亚马孙流域的雨林被破坏的速度比早些时候的估计高一倍。科学家说，雨林遭到破坏，使得它更易发生火灾，且使得更多的二氧化碳释放到大气层中。

对亚马孙流域巴西部分的卫星图像进行的最新分析发现，每年平均有15500平方千米的森林因选择性采伐而被砍倒。除此之外，每年还有同等面积的森林因放牧或耕作而被砍伐。

睡莲

实际上，亚马孙热带雨林一直都是科学家向往的天堂，地球上已知的10%以上的生物种类都可以在这里找到。从1999年到2009年的10年中，世界自然基金会就在亚马孙地区发现了1200多种植物和脊椎动物新物种，相当于每三天发现一个新物种。现在又再次发现了441种新物种，这样的速度还是非常迅速的。尽管如此，对于科学家而言，亚马孙依旧是全球物种多元化的最重要中心，然而人类对于亚马孙的认识依然太少了，可能还不到10%—15%。

雨林遭破坏

自然资源保护学家多年来一直用卫星图像来监控大面积的森林砍伐，但选择性采伐的程度却一直不清楚，因为森林浓密的树荫使得从卫星图像上看不清采伐结果。选择性采伐是指砍倒珍贵树种，例如桃花心木科的树，并将其偷运出森林。

美国华盛顿卡内基学会的格雷戈里·阿斯纳教授说："20多年来，人们一直用卫星来监控亚马孙地区大规模的森林乱砍滥伐，但迄今为止，选择性采伐大多很难发现。"他提出了一种名为卡内基地球资源探测卫星分析系统的分析方法，希望能解决这个问题。这套系统可以细察图像的每一像素，以了解剩余的森林数量，从而确定森林覆盖区与砍伐区之比。

新的分析揭示了一些令人震惊的事实。阿斯纳教授说："我们发现每年有相当于康涅狄格州大小的一块地区遭到这种形式的破坏。选择性采伐会对许多动植物产生负面影响，且会加剧侵蚀过程和森林大火的发生。另外，每年释放到大气层中的二氧化碳增加25%，比砍伐森林带来的二氧化碳增加率更高，因为采伐工人走后留下的植物残留物分解过程会产生二氧化碳。树木砍伐比我们先前认为的范围广得多。"

阿斯纳教授利用从1999年到2002年拍摄的亚马孙河流域卫星图像，研究了占砍伐面积90%的5个州，结果发现，每年选择性采伐的面积在12134平方千米到20650平方千米。

美国林业局的迈克尔·凯勒说："我们预料到了大面积的砍伐，但采伐深入森林地带的程度是我们始料未及的。"他是这篇研究报告的作者之一。一棵桃花心木科大树在锯木场可换得数百美金，因此成为极具诱惑力的目标。阿斯纳教授说："人们进入森林并砍走了有销路的树种。桃花心木科树是大家都了解的，但在亚马孙地区，至少有35种有市场价值的硬木树种，而每次砍掉这些树木所带来的损失是非常巨大的。"

在亚马孙地区，传统的砍伐每年会导致约4亿吨的二氧化碳进入大气层，而据阿斯纳教授估计，另外还有1亿吨的二氧化碳因选择性采伐而产生。他说："当一棵树的树干被取走后，剩下的树冠、木屑和藤蔓慢慢腐烂分解，释放二氧化碳气体进入大气层。"

变得稀疏的树荫会使森林更干燥，更易起火。阿斯纳教授说："平均算来，每砍一棵树，会有多达30棵其他的树木可能遭到伐木作业本身的严重影响。"

（作者：祀忧；选自《生态经济》2008年第12期）

如果地球失去了"肺"

热带雨林向大气中源源不断地供给着生命赖以生存的氧气,因此被称为"地球之肺"。近一百年来,由于人类的破坏,热带雨林的面积锐减,由此所造成的环境问题也日益突出。一只南美洲亚马孙河流域热带雨林中的蝴蝶,偶尔扇动几下翅膀,两周后有可能导致美国德克萨斯州一场巨大的龙卷风。试想一下,如果雨林被完全毁掉,地球将会怎样……

大量物种灭绝

雨林的消失将直接导致大量动植物的灭绝。热带雨林是复杂的综合生命系统,在内部有着各式各样的生态环境,孕育着丰富多彩的动植物种群。如果热带雨林受到破坏,各种植物,栖息繁衍的动物和各种微生物,就难免会同归于尽。

热带雨林是地球上生物多样性最丰富的陆地生态系统,地球上约1000万个物种中,有200万—400万种生存于热带、亚热带森林中。在亚马孙河流域仅0.08平方千米左右的取样地块上,就可以有4.2万个昆虫种类,亚马孙热带雨林中每平方千米不同种类的植物达1200多种,地球上动植物的1/5都生长在这里。

为了谋取经济利益,人们大量砍伐森林种植橡胶、咖啡等经济作物,热带雨林特有的生态环境被人为改变,天然林难以恢复,生物多样性的丧失不可挽回。

地球在过去的45亿年岁月中,已经历过5次大规模的物种灭绝,最近的一次大约发生在距今6600万年的白垩纪末期,其标志是恐龙灭绝。如果雨林消失,地球很可能会经历第6次生物大规模灭绝。同以前发生的灾难一样,很多物种我们还没有认识就已经消失了,生命将再次受到严峻的考验。

雨林文化消失

如果热带雨林消失,那么不仅仅是动植物种群,许多生活在其中的土著族群也面临着灭绝。例如,20世纪亚马孙雨林有270多个土著部落,现在已经消失了将近一半。如果雨林全部消失,那么将会有更多的土著群体在地球上被边缘化,乃至无声地消亡。土著部落的消亡,将最终使丰富的雨林文化多样性完全丧失。首先是他们的语言将彻底消失,那将没有办法将祖先的智慧继续传承。土著居民最善于与自然界和谐相处,懂得可持续性发展的方式。土著居民对其生存环境内的动植物有着丰富的知识,这些知识蕴藏在他们独特的语言、文化和风俗中,这些知识反映了一代又一代人对草药、作物品种、树木、动物习性以及很多其他东西的观察和试验。随着土著文化的丧失，有关与地球平衡相处的生存方式的知识和对这种知识进行编码的价值体系也在逐渐消失，那么世界将是一个贫乏的世界。

全球环境改变

热带雨林的消失不仅会对生活在其中的动植物和原始土著造成毁灭性的打击，而且会对全球环境产生深远的影响和巨大的改变。热带雨林对调节当地和全球的气候起着十分重要的作用，雨林的消失将直接导致空气氧气含量减少、温室气体增加、水土流失、气候极端异常等后果。

热带雨林拥有全球生物量的69%，吸收大量二氧化碳，释放大量的氧气。专家指出，热带雨林的减少意味着全球范围内的环境恶化。如果亚马孙的森林被砍伐殆尽，地球上维持人类生存的氧气将减少1/3。如果雨林全部消失，我们所有的地球人都会处于高原反应。

如果雨林消失，其巨大的二氧化碳吸收能力也将不复存在，而且雨林是地球上巨大的有机碳库，原始森林和森林里的土壤都是巨大的碳存储地。雨林破坏不可逆转地把它储存的碳以二氧化碳的形式释放到大气中，温室气体排放将急剧增加。

雨林在地球水循环中起着非常重要的作用。一棵大树每天蒸腾到空气中的水分有760升，0.4英亩的雨林一天有76000升的水分蒸腾而组成云的成分，这是相同面积的大海水汽蒸发量的20倍，而仅亚马孙雨林所蕴含的淡水就占到全球地表淡水的23%。雨林被砍伐或改种成为人工林，都对当地气候有着很大影响。

滥伐亚马孙的森林，并没有给巴西人带来更多的财富，他们只是填饱了肚子，带来的却是对大自然永远的创伤和难以弥补的伤害。森林的过度砍伐使得土壤侵蚀、土质沙化，水土流失严重。巴西东北部帕拉州、阿玛帕州的一些地区由于林木被砍伐，生态被破坏，而变成了巴西最干旱、最贫穷的地方。

热带雨林水汽丰沛，蒸发后凝结成云，再降雨，成为地球水循环的重要部分，这不仅有助于土壤肥沃与生物生长，也有调节气候的功能。雨林的消失，造成温室气体的大量排放，温室效应加剧，全球变暖，全球降水量重新分配、冰川和冻土消融、海平面上升等，既危害自然生态系统的平衡，更威胁人类的食物供应和居住环境。毋庸置疑，这将使全球极端现象如地震、海啸、台风、洪水、泥石流加剧。一些科学家预测，随着全球变暖，大部分陆地将变成

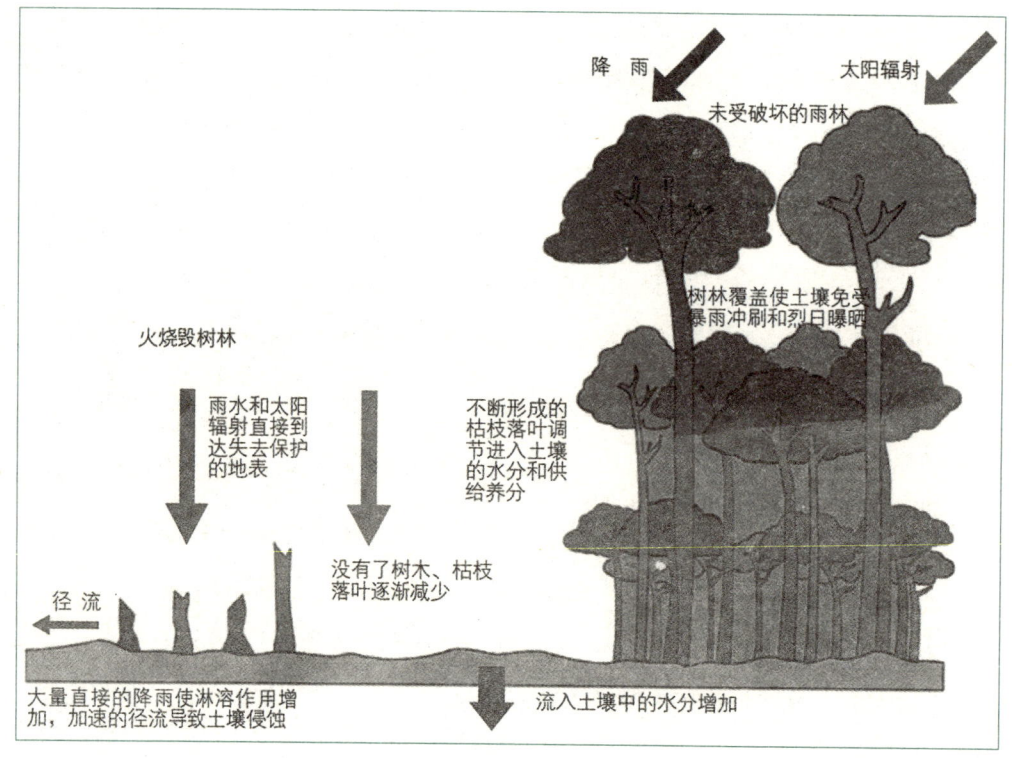

如果地球失去肺

沙漠或被海水吞噬，地球上只有约10亿人能存活下来。

如果地球真的失去了"肺"，会出现怎样的惨象？地球可以没有人类，但人类不能没有地球，保护热带雨林不仅仅是某个国家的事，而是关系整个人类的生存。

（作者：刘利勤；选自《人与自然》2012年第8期）

拓展提升

地处云南南端的西双版纳热带雨林是当今我国高纬度、高海拔地带保存最完整的热带雨林，具有全球绝无仅有的植物垂直分布"倒置"现象，也是当今地球上少有的动植物基因库，被誉为地球的一大自然奇观。

成片的热带雨林和丰富多样的物种是西双版纳的天然财富，与之相应的生态多样性也是西双版纳一直引以为傲的。西双版纳森林类型多样，橡胶林便是其中之一。橡胶是西双版纳州的支柱产业，但随着橡胶种植面积日益扩大，胶园给生态环境带来了一连串难以逆转的改变。

研究表明：橡胶林的水资源流失量是同面积天然热带雨林的3倍。大面积种植橡胶不仅使热带雨林面积缩小，还会引起气候的逐渐干热化。据调查，西双版纳的许多村寨已经出现了溪水断流、井水干涸、自然泉涌消失的现象。另据西双版纳州气象局的长年监测，在过去50年间，四季温差加大，相对湿度下降，州政府所在地景洪市1954年出现雾日184天，但到了2005年仅有22天。对此，州林业局在一份文件中指出："虽不能说完全是植胶引起的，但应该说有着直接的联系。"

思考：西双版纳如何在发展橡胶产业的同时更好地保护生态环境？保护热带雨林，我们能做些什么？

延伸推荐

1.《野性亚马孙》，张树义著，广西科学技术出版社2008年；关键词：野性，自然。

2.《我们爱地球·南美洲最神奇的植物》，[英]迈克尔·斯科特等著，龙淑珍译，湖北美术出版社2011年；关键词：自然景观，神奇植物。

3.电影《亚马逊的眼泪》，韩国2010年；关键词：地球之肺，全球变暖，危机。

十三 一起去看美国职业篮球联赛

号称"民族大熔炉"的美国是一个移民国家，是一个多元文化的国度。如果没有各种移民文化不断撞击、相互融合的历史，就没有美国文化，更不会有今天雄霸世界体坛的美国体育，也不会成就美国职业篮球文化。

尽管最近20年的美国经济并非一帆风顺，可是美国职业篮球联赛（简称"美职篮"）整个产业链的吸金能力却只增不减。为什么美职篮这么红火呢？这里面有什么奥秘？

芝加哥公牛队、菲尼克斯太阳队、休斯敦火箭队……即使不是篮球迷，这些名字也耳熟能详。你是否想过这些队名代表的深层含义？从这些队名中，可以挖掘出什么样的地理信息？

主题阅读

队名寻踪

美职篮联赛共30支球队，分属西部联盟和东部联盟。作为世界最高水平的篮球职业联赛，美职篮备受广大中国球迷的关注，但你知道美职篮与地理有什么关系吗？

一、联赛分区与地理位置

美职篮联赛以密西西比河为界分属两个联盟，即西部联盟和东部联盟，东部联盟又分大西洋赛区、中部赛区和东南赛区，西部联盟又分西北赛区、太平洋赛区和西南赛区。联赛分区是以美国的地理位置为基础的，所以从联赛分区也可以看出美国本土东临大西洋、西临太平洋。

二、球队队名与地理环境

1. 以气候特征命名的球队

迈阿密热火队：迈阿密位于佛罗里达州最南端，紧靠北回归线，西临墨西哥湾，属于亚热带季风性湿润气候，四季温暖宜人，是美国著名的旅游胜地。"热"既是对当地气候特征的生动描述，又隐喻球队能有个红红火火、蒸蒸日上的未来。

菲尼克斯太阳队：菲尼克斯是美国西南部亚利桑那州的首府。该州深居内陆，位于北回归线附近，常年受副热带高压带控制，盛行下沉气流，加之受加利福尼亚寒流的影响，降水稀少，热带沙漠广布，阳光充足。以"太阳"为队名，与当地所处的自然地理环境相一致。

2. 以水文特征命名的球队

洛杉矶湖人队：湖人队搬到洛杉矶之前一直驻扎在寒冷的明尼阿波利斯，它是明尼苏达州最大的城市。明尼苏达州号称"万湖之地"，拥有大量的小湖，并位于世界上最大的淡水湖苏必利尔湖边上，球队因此而命名为"湖人"。1960年湖人队搬到洛杉矶后，继续使用了"湖人"这个队名。

洛杉矶快船队：前身是1978年的"圣地亚哥快艇队"，因为以水上活动著称的圣地亚哥近海随处可见快艇，所以球队以此为名。后来，球队迁到洛杉矶后保留了原名，也符合洛杉矶地中海气候因旅游业发达有大量船的事实。

3. 以特色农业命名的球队

芝加哥公牛队：芝加哥位于美国东北部五大湖区的伊利诺伊州，温带草原面积广，又邻近美国东北部老工业基地，人口、城市较多，对乳畜产品需求量大，乳畜业发达。以"公牛"为队名，既体现了该地区的农业特色，也隐喻着力量和实力。

4. 以特色工业命名的球队

丹佛掘金队：丹佛是美国中西部科罗拉多州的首府。19世纪在美国西部大开发时在丹佛发现了金矿，因而金矿采掘业曾是丹佛的主要产业，球队因此而得名。

底特律活塞队：底特律位于美国东北部五大湖区的密歇根州，是美国最大的汽车制造中心，有"汽车城"的美称，现在美国的三大汽车公司（通用、福特和克莱斯勒）的总部都设在底特律。"活塞"是汽车发动机的一个重要零部件，以"活塞"为队名正体现了这个美国"汽车城"的城市特点。

休斯敦火箭队：休斯敦位于美国南

部的得克萨斯州，南临墨西哥湾，是美国南部工业区最大的工业城市，也是美国最大的石油化工、美国国家航天局宇宙航空研究和发展中心所在地。以"火箭"为队名，与休斯敦这座"航天城"非常匹配。

5. 以特色旅游命名的球队

奥兰多魔术队：奥兰多位于美国东南部的佛罗里达州，世界著名的休闲娱乐场所——迪士尼乐园即起源于该城。魔术是迪士尼乐园中的一个重要娱乐项目，以"魔术"为队名，正体现了奥兰多"娱乐城"的特色。

6. 以移民文化命名的球队

波士顿凯尔特人队：波士顿位于美国东北部的马萨诸塞州，早期有许多爱尔兰移民，其中不少移民是凯尔特人，球队因此而得名。

纽约尼克斯队：纽约位于美国东北部的新泽西州，是美国最大的城市。尼克斯的名字来源于英文"knickerbocker"，指的是纽约早期荷兰移民的后代，原意是指一种在膝盖下部收拢扎紧的灯笼裤。在17世纪，纽约的早期荷兰移民为了方便劳作，常常把自己的裤管卷到膝盖附近，被称为"灯笼裤"，久而久之，这也就变成了荷兰移民后裔的代名词。"knickerbocker"后来被缩短成了"knicks"，"尼克斯"就是"knicks"一词的音译。

7. 以历史文化命名的球队

费城76人队：费城位于美国东北部的宾夕法尼亚州，曾是美国的第一个首都。1776年美国政府在此发表了《独立宣言》，"76"是《独立宣言》的发表时间的后两位数字，"76人"泛指为争取美国独立而斗争的美国人民。

犹他爵士队：犹他爵士于1974年在新奥尔良建立，原名为新奥尔良爵士队，因为新奥尔良是美国爵士音乐的发源地。1978年，球队从新奥尔良迁至犹他州的盐湖城，改名为犹他爵士队。

（作者：沈辉；选自《地理教育》2012年第5期）

移民文化的滋养

移民给美国带来了众多的黑人，而正因为他们在美国职业篮球联赛中发挥了至关重要的作用，不断完善篮球运动技战术水平及篮球运动理念，才把这项运动推向了巅峰。如美国篮球历史上最伟大的防守中锋拉塞尔,是他改写了篮球运动只重视进攻的打法,建立了攻防并重的篮球基本理念;美国篮球历史上第一个单场独得100分的篮球全才张伯伦,是他使得美国大学篮球及职业篮球分别扩大了3秒限制区;人称"天钩"的贾巴尔,创造了威力十足的钩手投篮;将20世纪80年代的美国职业篮球联赛推向空前高潮的"魔术师"约翰逊,以及统领20世纪90年代公牛王朝的"飞人"乔丹,还有美国职业篮球联赛的超级中锋"大力神"奥尼尔……他们都来自黑人种族。在某种程度上可以说,是黑人书写了美国职业篮球联赛的辉煌史。

原因何在?这与美国的移民文化息息相关。

首先,移民文化使黑人在优化组合的遗传中获得极佳的体质。非洲黑人最初是作为奴隶被源源不断地运往美洲的,在极为恶劣的生存环境下,经过水路、陆路的长途跋涉,承受了百般折磨而最后能够到达美洲的黑人都属于黑人中的强者,具备了常人难以企及的体质。而今美国社会的黑人团体恰是这些奴隶的后裔,他们遗传给后人以高质量的体质,使得黑人篮球运动员在展现"强体能、高速度、高技巧"时有着尽善尽美的发挥。

其次,移民文化背景下严重的种族歧视激发了黑人篮球运动员的斗志。时至今日,美国社会的种族歧视依旧在美国的移民文化中有着鲜明的烙印,黑人要在美国社会中成就一番事业是十分困难的,而体育为他们带来了希望,篮球成为他们打开财富之门的金钥匙,这对美国职业篮球联赛在美国的发展有极大的刺激作用。

再次,移民文化构成了美利坚民族开放、包容的文化性格。移民文化构成的美国文化是"一种开放、包容、进取的文化",美国文化特有的包容与接纳正是美国在短期内发展成为世界先进发达国家的原因。雄霸世界篮坛的美国职业篮球联赛更是将其演绎一新,不断从世界各地吸纳优秀的篮球运动员,壮大自己的队伍,丰富自己的文化内涵。毋庸置疑,外籍球员正以一股强大的力量为美国职业篮球联赛的发展注入新鲜血液。

(作者:丁洁,刘华;选自《体育科技文献通报》2009年第8期)

美职篮经济学

2005年末,美国财经杂志《福布斯》做了一个关于美职篮的详尽报道,报道首先关注到2005年美职篮30支球队平均价值达到3.26亿美元，平均增长率为9%。

而在1984年，美职篮的市值跌到了1550万美元，23支球队中有17支濒临破产。"在这个国家所拥有的四大职业联赛中，人们很可能最先跟美职篮说再见，因为已经没什么人对它感兴趣，从事这项目运动的都是一些名誉扫地的家伙，他们吸毒、斗殴，简直无恶不作。"美国著名体育记者唐纳德·卡茨当时写道。也是在这一年，律师出身的纽约人大卫·斯特恩临危受命，出任美职篮第四任主席。"他扭转了一切。"后来卡茨写道。

那么，斯特恩怎样缔造了今日气势恢宏的篮球商业帝国？

策略一：实力雄厚的市场合作伙伴

最初的美职篮只是一个自娱自乐的业余联赛，没有任何商业元素。直到1953—1954赛季，电视台第一次转播美职篮的13场比赛，并支付给联盟3.9万美元。美职篮现在拥有两份价值非常可观的电视转播合同：跟TNT公司签订的有线电视合同，从2002—2003赛季至2007—2008赛季6年22亿美元；跟ABC、ESPN签订的网络电视合同，从2002—2003赛季至2007—2008赛季6年24亿美元。三家共计6年46亿美元。

美职篮的广告收入远不止这些。现在联盟的运动鞋、运动服装合作者有阿迪达斯、耐克、锐步，饮料有可口可乐，食品有麦当劳，网络有美国在线，娱乐有迪士尼、时代华纳，就连儿童玩具也有乐高公司赞助。2005—2006赛季，美职篮的全球市场合作伙伴已经达到了17个。截至2005年，美职篮在中国的市场合作伙伴也已经多达6个。

策略二："造星"运动

美职篮几代经营者都深谙球星对于市场的重要价值。斯特恩上台时正值湖人和凯尔特人争霸天下，两支球队各有一名巨星——"魔术师"约翰逊和"大鸟"伯德。斯特恩将这一黑一白两大传奇巨星作为联盟的形象推向市场，无数球迷因为喜欢球星从而喜欢上美职篮。20世纪90年代，"魔术师"和"大鸟"两人相继退役，正巧乔丹横空出世弥补了空缺，于是斯特恩以乔丹作为主打球星在全世界推广美职篮。这一策略再次收到奇效，乔丹迷人的笑容、经典的吐舌头动作和神话般的技术征服了全世界的球迷，甚至包括其他国家的篮球球员，使得美职篮成为真正国际化的联赛。乔丹退役后，斯特恩又开始寻找新的代言人，奥尼尔、科比、艾弗森、加内特、姚明等人，都曾是美职篮的人选。

姚明、奥尼尔和詹姆斯等美职篮超级巨星，对一支球队来说是至关重要的。从2002—2003赛季姚明加盟火箭队开始，火箭队的价值一路飙升，从2.55亿美元直线上升到了2005年度的4.22亿美元。奥尼尔和詹姆斯的加盟，也都给各自所在的球队带来了类似的增长。从2003年入选美职篮以来，詹姆斯帮助骑士队从价值2.58亿美元上涨到3.56亿美元。奥尼尔的加盟，也让热火队的价值从2.36亿美元攀升到了3.62亿美元。超级巨星的影响不仅体现在主场球迷的上座率上，他们还会带动球队其他相关产品的销售。韦德让他的球衣成为美职篮最畅销的，这样一来从中受益最大的自然是拥有热火队所有相关产品授权的球队本身。

策略三：产品无限外延

在斯特恩出任美职篮总裁的20年间，他不仅将美职篮几乎所有的规章条例、运作理念、经营手段、市场推广、国际化进程进行彻底翻新，还建立了美职篮有线电视、美职篮网站、美职篮城、美职篮商店、美职篮流动大巴等娱乐项目，这些推广方式已经几乎成为篮球联赛固定的运作模式。20年间，美职篮的总资产翻了5番。

比赛是美职篮的主打产品，但是每年1230场常规赛、几十场季后赛只是美职篮产品的冰山一角，全明星赛、选秀大会、海外比赛、篮球嘉年华、篮球无疆界、美职篮训练营、篮球大篷车这些都是由比赛直接衍生出来的产品。此外，美职篮还制作并且发行了一系列精彩的影视产品，包括比赛录像带、光盘、音乐、其他多媒体产品等。

美职篮还成功地将品牌拓展至其他领域，内容包括：坐落于美国纽约市第五大道的"美职篮专门店"，店内展售全球最齐全且适合各年龄阶层的美职篮授权商品；在奥兰多的美职篮餐厅，提供时下的美式美食及播放独有的多媒体节目，老幼皆可在这里享受刺激的篮球运动，并参与数之不尽的互动篮球游戏。

美职篮的国际授权商为全球6大洲超过100个国家的球迷提供美职篮授权产品（包括运动服装、运动用品、球星卡、文具、出版物、录像带、家居用品、电子游戏、玩具游戏、纪念品与电话卡），仅在中国就有20000家美职篮授权产品专卖店。不久前，美职篮与法国家乐福超市在中国开展合作，在5个城市的家乐福超市设立24个专门销售相关产品的"美职篮专柜"。

美职篮是美国社会的一个缩影，它以金钱为圆心，充分吸纳社会资源的社会关注，并达到实现经济利益最大化和提升社会生活品质的双重目的。美职篮品牌经营智慧，是美职篮的生存之道，是美职篮精神发扬光大的动力源泉。

拓展提升

2015年2月27日，在中央全面深化改革领导小组第十次会议上，审议通过了《中国足球改革发展总体方案》。

方案提出"三步走"战略，分为近期、中期和远期目标：近期目标是要理顺足球管理体制，制定足球中长期发展规划，创新中国特色足球管理模式。中期目标是要实现青少年足球人口大幅增加，职业联赛组织和竞赛水平达到亚洲一流，国家男足跻身亚洲前列，女足重返世界一流强队行列。远期目标是要使中国成功申办世界杯足球赛，男足打进世界杯、进入奥运会。

思考：中国足球走向世界一直是国人期盼的梦想，你认识国足的发展应该向美国职业篮球联赛借鉴些什么？

延伸推荐

《目击者旅游指南——美国（第二版）》，英国DK公司著，梁传训译，中国旅游出版社2014年；关键词：景点，城市，旅游，国家历史文化，气候。

十四　战斗的民族——俄罗斯

俄罗斯人是热情而豪放的。广袤的土地造就了俄罗斯人坦荡宽阔的胸怀，漫长严寒的冬季使俄罗斯人对大自然倍加珍惜，他们用音乐与舞蹈来表达内心对生活的热情。

俄罗斯人同样是细腻与多愁善感的，否则他们不会创造出如此璀璨的艺术珍品，如此震撼心灵的文学佳作。

总之，欧亚大陆不同的文化、横跨欧亚两洲的自然地域、漫长严寒的冬季、苦难深重的历史造就了俄罗斯人热情、开放、忧郁、情感化、富于幻想的民族性格，培育了俄罗斯文化中独特的艺术气质，其民族文化包含较多的精神性——一种审美的乌托邦精神。

主题阅读

彪悍的民族，忧郁的文化

文化是民族的灵魂，决定着民族的性格和国家的兴衰走向。有人说，从古至今，俄罗斯民族常常表现出性格上的"双重性"。一方面，俄罗斯人性格刚烈，勇猛剽悍，尚武善战，在历史上赢得了很多次世界规模的战争（拿破仑、希特勒都败于莫斯科城下）。从15世纪开始，经过400多年的扩张，俄罗斯民族把一个位于东北欧一隅仅200多平方千米的小国扩张成为世界上领土面积最大的国家（曾经横跨欧、亚、美三大洲）。另一方面，俄罗斯人多愁善感，犹豫彷徨，优柔寡断。俄罗斯民族的性格具有"钟摆性"，他们有时温顺驯服，有时又往往缺乏理性，经常感情用事，极易走极端。"决斗"便是这种性格特征的产物。普希金死于决斗，莱蒙托夫、赫尔岑、屠格涅夫、托尔斯泰等都曾参与决斗或走到了决斗的边缘，叶利钦时代的激进改革政策更是俄罗斯人走极端的写照。

要了解俄罗斯民族性格的这种双重性，可以从以下两个方面来分析。

一、东西方文化双重作用

俄罗斯横跨欧亚两大洲，俄罗斯人认为俄罗斯既是一个欧洲国家也是一个亚洲国家，既是东方也是西方，他们常常为此而感到骄傲。但是，俄罗斯又处在欧亚大陆的边缘——欧洲东部、亚洲北部。说它是欧洲国家，它的版图却占亚洲的1/3；说它是亚洲国家，无论是它的发源地还是政治文化中心却都在欧洲。俄罗斯人非常强调自己的西方特征，但是西欧人从来没有把他们当成真正的欧洲人。面对西方，俄罗斯是东方；面对东方，俄罗斯又成了西方。这种独特的地理位置使俄罗斯置身于东西方文化的交界处，既不是纯粹的西方文化，也不是纯粹的东方文化，它是东西文化双重作用又兼有两者文化特征的一种独立的文化体系。俄罗斯文化的这一特征决定了俄罗斯民族性格的两面性。有人说，俄罗斯的双头鹰国徽既是俄罗斯的国家象征，又是民族性格的象征。这个双头鹰左顾右盼，期望左右逢源的拟人化形象，绝妙地显露出俄罗斯的民族性格：忽左忽右，摇摆不定。

二、丰富资源的双重作用

俄罗斯幅员辽阔，广大的空间激发出俄罗斯人强烈的民族自豪感和自信心，造就了俄罗斯民族豪放的性格，例如要做世界的一极、要做世界上最大的建筑等。俄罗斯漫长而寒冷的冬季，也给人们留下了生活的重负与精神的压抑，使俄罗斯人磨炼了意志，培养出了忧郁但又吃苦耐劳的性格特征。同时，几乎取之不尽的资源又使俄罗斯人容易懒散、不讲效率、时间观念差。他们喜欢晒着太阳在大街上、公园里唱歌跳舞、吸烟喝酒，而且表情总是庄严、肃穆，凝重似乎多于微笑，沉重似乎多于轻松。

博罗蒂斯基煤矿，俄罗斯最大的露天煤矿之一

三、宗教的影响

俄罗斯文化深受宗教影响，早期俄罗斯基本与西欧隔绝，"罗斯受洗"将俄罗斯带入基督教，不久后东正教又被奉为国教。多元的宗教影响渗透在俄罗斯各个方面，成为其民族精神、民族性格的主体成分。东正教主张普济众生和"救世"精神，使俄罗斯人产生一种民族主义的优越感和使命感。他们认为，东正教是基督教的正教，莫斯科是继罗马和拜占庭之后东正教唯一的保卫者，

即"第三罗马",这为俄罗斯大规模向外扩张奠定了思想基础。

俄罗斯文化在1000多年的历史中不断受到东方和西方的交互影响,并把这种影响融合到自己的文化之中。俄罗斯既吸收了东西方文化的营养,又对东西方文化产生某种排斥,就像一只巨大的钟摆,不停地在东西方文化之间摇动。

严寒气候的三次拯救

"俄罗斯国土面积广大,跨北寒带和北温带,大部分地区所处纬度较高,属于温带大陆性气候,冬天漫长寒冷而干燥,夏季短暂而温暖,春秋时节转眼即逝,气温年较差大,降水偏少,雨量变率大。"这是我们学到的对俄罗斯气候的描述。寒冷给俄罗斯人带来很大不便,但这种严寒的气候对俄罗斯民族的生存来说未尝不是一种保护。

彼得一世时,俄国努力振兴,然而遭到瑞典的压制。1709年春,瑞典国王查尔斯十二世率领在欧洲战无不胜、装备精良的军队远征俄国。彼得一世的军队无力与瑞典军队决战,只有实行坚壁清野政策,靠空间,更靠严寒的气候削弱孤军深入的瑞典军队。7月,4万多俄军同在严寒中跋涉了数月的3万瑞典军队在波尔塔瓦展开激战,并一举将其击败。

拿破仑攻打俄国

1812年,征服了大半个欧洲的拿破仑组织了欧洲有史以来规模最大的60万人军队,对俄国发动进攻,以图彻底征服欧洲大陆。拿破仑没有把严寒放在心上,准备攻占莫斯科,以战养战,逼迫俄国人签订投降条约。然而俄国人将莫斯科付之一炬,拿破仑大军在空城中等了2个多月,未见到投降的使者,补给逐渐变得非常困难。战争以法国的进攻开始,最终以俄罗斯的全面反攻结束:1812年,拿破仑的第一个军团在俄国境内被摧毁,第二个于1813年在德意志战场上被击败。到1813年,拿破仑率领残兵回到法国时,法军只剩不到3万人。俄军一路把法军从莫斯科追到巴黎,于1814年3月31日率领取得胜利的联军攻入敌国首都。

1941年6月22日,德军对莫斯科发动了代号为"台风"的大规模攻势,德国190个师分北、中、南3个集团军向苏联发动了大规模的进攻,妄图在10天内攻占莫斯科。这场远征最终使希特勒重蹈拿破仑的覆辙：10月，德军进犯莫斯科，此时气候转冷，在-30℃ — -20℃的严寒中，德军没有棉衣，飞机和坦克无法发动，坦克上的光学窥镜也失去了作用。到1942年1月，苏军消灭德军大批有生力量，取得莫斯科会战的胜利；1942年11月9日，习惯了寒冷生活的苏军，身着棉衣、皮靴和护耳冬帽在斯大林格勒（今伏尔加格勒）展开反攻，至1943年2月2日全歼德军主力，扭转了第二次世界大战的全局。

斯大林格勒保卫战

俄罗斯的"十字架"

俄罗斯的"十字架"是俄罗斯的人口学家对俄罗斯人口出生率下降而死亡率上升的一个比喻。这是因为从20世纪90年代起，在俄罗斯人口出生率和死亡率曲线图上，人口的出生率曲线大幅度下滑，而死亡率曲线却大幅度上扬。

一、俄罗斯的人口出生率

俄罗斯人口出生率下降并非始于苏联改革初期。在前几个"五年计划"和工业化时期就已经开始了，卫国战争时期人口出生率继续下降，以后就再未恢复到以前的水平。20世纪60年代人口出生率再次下降。1960年俄罗斯出生新生儿280万，而1968年仅出生180万。这是战争的后果吗？俄罗斯人口学者认为，战争原因导致的新生儿减少的比例只占40%，而60%是国家实行工业化的结果。俄罗斯最后一次人口出生率大幅度下降发生在1987年至1993年，当时俄罗斯育龄妇女从1987年平均生育2.1个婴儿下降到1993年的1.3个。俄罗斯的人口下降已不可避免，因为它正是始于1992年，所以当时主张改革的政治家们成了众矢之的。

但是，人口下降并非是俄罗斯的专利，所有的欧洲发达国家和一些像俄罗斯一样"正在现代化"的国家也面临着同样的问题。指望用提高出生率的办法来摆脱人口危机就像指望俄罗斯会恢复到从前的农业国一样不现实。如果说俄罗斯现在的人口出生率无法保证人口的再生产，那么其他国家，如德国（1.3）和日本（1.3），还有加拿大（1.4）也面临着同样的问题。俄罗斯一直期望能通过政府资助或政策优惠的办法来提高出生率，提高到什么程度呢？这里不妨列举几个国家育龄妇女平均生育婴儿的数量：阿根廷（2.5）、巴林（2.6）、越南（2.3）、印度尼西亚（2.6）、伊朗（2.5）、土耳其（2.5）、智利（2.4）。而在尼日利亚，每个育龄妇女平均生育5.8个孩子。那么，俄罗斯到底该向谁看齐呢？正如人口学权威安纳托利·维什涅夫斯基所说："目标总是有的。"

二、俄罗斯的人口死亡率

俄罗斯人口下降的速度超过了其他任何一个欧洲国家。原因是俄罗斯的出生率和其他发达国家一样，可人口死亡率却和一些传染病流行的非洲热带国家相当。

俄罗斯的"十字架"是死亡的十字架。俄罗斯人口死亡率的构成和其他国家没有任何相似之处。俄罗斯20—60岁患恶性肿瘤的人数是西方国家的1.5—2倍。因患血液循环系统疾病死亡的人数在20世纪末比西方国家高18%，可20—50岁因患血液循环系统疾病死亡的人数却比发达国家高2—3倍。与发达国家尤为不同的是，"外部因素"即意外伤害、不幸事故、谋杀（在刑事犯罪和战争中被杀害）造成的死亡人数所占的比例一直居高不下。在这种情况下死亡的当然多为有劳动能力的男性。而且形势越来越严峻：1980年俄罗斯因外来因素死亡的男性比1965年多50%，2000年比1980年多22%。只有戈尔巴乔夫实行禁酒运动的那几年例外。不过人口学家指出，20世纪90年代初，人口死亡率急剧回升也是禁酒运动，确切地说是禁酒运动突然停止的结果，那些在禁酒运动时没喝够的人只是多活了几年，从而导致禁酒运动过后死亡率大幅攀升。总之，俄罗斯人口的死亡率总体上一直在上升。

专业人士指出，即使我们能够从根本上控制住死亡率的上升，俄罗斯的人口状况基本上也不会发生变化。况且，我们提高人口出生率的种种尝试都没产生任何效果。世界上其他国家的经验也表明，在人口增长上所做的努力成果总是暂时的，稍纵即逝。不久前俄罗斯人口和生态中心的学者们做了一个长期（到2100年）的俄罗斯人口预测。如果俄罗斯的移民政策维持现状，移民继续缓慢减少的话，那么到2050年俄罗斯领土上居住的人口将少于1亿的可能性是50%，而2100年将少于7000万。即使俄罗斯采取积极的移民政策，最乐观的估计，按照安纳托利·维什涅夫斯基的说法，也"无法指望情况会发生根本的转变"，充其量不过是维持在现在这个水平上。

人们可能对这份长期人口预测持怀疑态度。但事实上，在人口方面的预测要比在气象或者经济方面的预测可靠得多。因为人口发展进程缓慢,联合国20世纪60—70年代所做的人口预测至今仍很符合现在的人口状况,这就足以证明这一点。就在我们还没有意识到人口危机即将到来的时候,尽管俄罗斯的人口数量也出现过几次波动,但是有劳动能力的人口数量的增加不过是人口结构缓慢变化过程中出现的暂时现象,而未来的母亲——有生育能力的妇女数量也在急剧减少,到2050年将减少二分之一,到2100年将减少三分之二。

有鉴于此,俄罗斯人口学家们认为,解决俄罗斯人口问题的一个行之有效的办法就是大量接受移民。

拓展提升

饮食能够反映一个民族的性格特征。俄罗斯人的性格粗犷豪放、淳厚朴素,对饮食的要求不高,只要分量足、热乎就行。黑面包与白菜汤恰好符合这一标准,于是黑面包与白菜汤便成为俄罗斯人的传统食物。

黑面包外表干硬粗粝,口味酸咸,由面粉、荞麦、燕麦等原料烤制而成,如果放置几天不吃,就会硬得嚼不动,但这也有效地保证了它不会轻易变质。黑面包是俄罗斯最古老、最珍贵的食物,面包加盐在俄罗斯饮食文化里有着重要的象征意义:面包象征着富裕与粮食丰收,盐则有辟邪的意思,面包加盐则象征着殷勤好客、祈福平安。在用餐的开始与结束的时候,俄罗斯人都会吃一片蘸着盐的面包,以此来表达吉祥如意的希冀。因此,俄罗斯有用面包与盐招待客人的习俗,这既能够表现出主人的富有,又能够表达出主人对客人的欢迎与尊重。这一习俗也逐步演变为俄罗斯迎接贵宾的基本礼仪。

俄罗斯民族嗜酒,最爱喝伏特加。伏特加在俄语里的意思是"可爱的水",广受俄罗斯人民的喜爱。伏特加不仅仅是俄罗斯饮食生活的重要组成部分,更是俄罗斯人民的一种精神寄托,因此,伏特加又被看作俄罗斯民族的"精神和灵魂"。伏特加能够反映出俄罗斯民族的性格特征:奔放热情、勇猛坚忍、孤独消极、极端无节制、摇摆性等。俄罗斯民族的性格就像伏特加一样清澈浓纯,使人一览无遗。

思考:俄罗斯的这一饮食文化与哪些地理因素有关?请做出简要分析。

延伸推荐

1.《孤独星球Lonely Planet旅行指南系列:俄罗斯》,澳大利亚Lonely Planet公司编,陈侃等译,中国地图出版社2015年；关键词：俄罗斯，旅行，地图，景点，常识。

2.《俄罗斯文化十五讲》，任光宣著，北京大学出版社2007年；关键词：俄罗斯，历史文化，发展特征。

3.《文化震撼之旅：俄罗斯》，［俄罗斯］帕弗洛夫斯卡娅著，何艳译，旅游教育出版社2015年；关键词：俄罗斯，政治文化，生活指南。

4.《俄国与拿破仑的决战——鏖战欧罗巴，1807—1814》，［英］利芬著，吴畋、王宸译，社会科学文献出版社2015年；关键词：拿破仑，俄法战争。

十五 "呆板"而浪漫的德国

内卡河静静地流淌着,水面波光粼粼,如同千年来每次夕阳到来时那般悠闲……

漫步在小路上,不得不想起歌德、席勒、费尔巴哈、黑格尔、马克思、雅斯贝尔斯……无论是浪漫的诗人,还是严谨思辨的哲学家,他们都曾在此驻足沉思,它们都出自同一个民族——德意志民族。

德意志,一个以严谨闻名于世的民族,同样以狂欢的啤酒节声名远播。"呆板"而浪漫,能在看似的矛盾中求得和谐,这未尝不是另一种哲学的存在。

主题阅读

盛产哲学家的国度

莱布尼茨、康德、黑格尔、叔本华、马克思、尼采、海德格尔等,这些大名鼎鼎的哲学家全都来自德国,德国为什么盛产哲学家呢?这主要受以下五大因素的影响:

一、语言因素

德语是一门非常严谨的语言。德语名词分阳性、中性和阴性三种词性,名词语法地位有第一格、第二格、第三格和第四格四个格,动词时态分现在时、过去时、现在完成时、过去完成时、第一将来时和第二将来时……严谨而周密的语言,为哲学思辨和分析推理提供了沃土。

二、地理因素

德国位于中欧,天气寒冷,这有效地减少了德国人的户外活动,让他们更喜欢待在家里。然而,德国人天性沉默、严肃,所以在家主要靠看书和思考打发时间。这种有益的脑力活动促进了德国人思辨能力的发展,寒冷的天气也有助于思维的活跃,这为哲学奠定了基础。

三、经济因素

德国的主体是普鲁士,而普鲁士的经济在中欧是非常发达的。哲学是一种闲暇的享受,只有有闲暇时间的人才有精力去思考哲学。多数德国哲学家家境殷实,衣食无忧,所以能够有大量的时间去思考问题,而不是为了生存去学一门技术。这也是德国盛产哲学家的一个原因。

四、高等教育改革

早在14世纪,德国就产生了高等教育,到18世纪末,德国成为大学最多的欧洲国家之一。进入19世纪,德国的大学迎来了一个新的发展阶段。1810年洪堡创办了柏林大学,标志着大学教育的变革。柏林大学把重点放在科学研究方面,在德国首开教授与学生共同研究的学术之风,这也为哲学的发展奠定了基础。

五、思维方式

德意志民族是一个严谨、一丝不苟的民族,德国人具有的逻辑思维以逻辑推理为基础,强调事物的同一性、非矛盾性和排中性——错就是错,对就是对。

当然,上述因素只是表,而非体。大师不会孤零地出现,大师的出现是有背景的。哲学蓬勃发展的时候,多是

莱布尼茨

康德

黑格尔

叔本华

马克思

尼采

海德格尔

一个社会大变革的时代,这才是根本原因。

只有社会有需要,才会有供给。经济学讲求供需,哲学亦是如此。德国社会的分裂,使国家遭受了不少耻辱,所以他们需要一些理论来为自己指明道路、看到希望。所以为了解答人们的疑惑,为了国家的统一和改造,德国的哲学理论不断出现。

世界机械制造的巅峰

德国机械制造、化工、环保技术等行业在世界享有盛誉,这是因为德国所有企业都自然继承了德国制造的优良名声:对理性的崇尚,对计划性的遵守与精确度的执着。

一、"德国制造"的成功之源

"德国制造"的成功,首先要得益于德国严格、健全的质量认证和监督体系。

1873年,一位德国设计师在参加维也纳世博会后写了一封公开信,痛陈德国产品弊端,在国内引起强烈反响,德国于是开始着手制定质量标准。目前,德国最主要的标准制定机构为德国标准化协会,其制定的标准涉及建筑、采矿、冶金、化工、电工、安全技术、环境保护、卫生、消防、运输和家政等几乎所有领域,每年发布上千个行业标准,其中约90%被欧洲及世界各国采用。这些标准织成一个密网,严格限制住企业的一举一动,从而保证了产品质量。

二、"德国制造"的灵魂

德国企业胜不在规模,而在其独具一格的特色,一大批中小企业占据出口行业的主要部分,它们大多名气不大,但却是各个行业中的"隐形冠军"。

精确定位,是这些中小企业的制胜法宝。与大而全的跨国公司相比,德国的中小企业只生产单一的专业产品,却努力将这个产品的市场横向扩展,销售到全球,应用到无数的行业中。

三、"德国制造"的血液

职业技术教育是德国振兴的基石,也是德国制造崛起的秘密武器。

众所周知,德国是第二次世界大战的战败国,面对战争留下的民生凋敝、满目疮痍,德政府实施了职业技术教育,制定了一个特殊的"学徒制"教育体系。"学徒制"即选择职业教育的16岁学生必须当3—4年的学徒,其中一半的时间在企业"学徒实习",一半的时间在学校学习理论。工会在450个行业里严格规定:必须通过"学徒制"才能被企业聘用。一旦成为企业的技术员工，薪水也相当可观，德国的蓝领工人平均工资远高于英、法、美、日等国。

正是这些技术娴熟的工人把研发出来的蓝图变成精美的产品，投放市场，帮助德国企业在经济全球化过程中保持强大的竞争力。

四、"德国制造"的内在动因

"德国制造"的高品质包括高绩效、耐用、少量维护、设计优异等特点。

德国的许多企业家受技术驱动，把他们对于质量的想法应用到产品中去，比如博世集团的口号就是"科技成就生活之美"。

德国制造的科技优势

"德国制造"的优势不在于价格，而在于质量、解决问题的专有技术及优秀的售后服务等因素。例如，德国著名的清洁器械公司凯驰能够提供不会造成任何损害和污染的非研磨清洗方案，并且提供专业团队执行清洗任务，因此能够参与世界文化发展赞助项目，在全球范围内对著名历史建筑进行清洗。

五、世界工厂的制造者

1995年以来，面向发展中国家的出口占德国出口增长的1/3。德国的经济分析家赫尔曼·西蒙说："中国或许是世界工厂，但是德国公司是世界工厂的制造者。"

德国的经济奇迹很大程度上取决于外界看来会损害德国经济的国家——那些拥有廉价劳动力的新兴国家。它们不但没有削弱德国的经济，反而给德国经济增长增添了动力，因为它们的新兴中产阶级购买了大量德国汽车，而且其工厂购买了大量德国高科技重型机械。这些是德国的传统优势产业，和其他西方国家相比具有更强的竞争力。

总而言之，目前，"德国制造"的竞争优势在于非价格因素，包括质量、技术、解决问题的专有技术、产品性能可靠性、供货可靠性及售后服务等。未来，德国企业将继续从此产品定位中受益。

德意志的狂欢

德国是世界上啤酒消耗量最大的国家，德国人酷爱喝啤酒，因此德国形成了一种特殊的"啤酒文化"——有悠久的历史、古老的传说和各式酿制方法,还有专属的节庆和舞蹈。每年9月的最后一个星期和10月的第一个星期,在慕尼黑举行的啤酒节便是德国乃至世界最大的民间狂欢节之一。啤酒节上,混合着麦芽醇香与异域风情的啤酒坊餐厅激情上演了传统巴伐利亚音乐,幽默诙谐的德国乐手邀请宾客合着欢快的节拍共同狂欢。

一、"啤酒之乡"——巴伐利亚

在德国最著名的"啤酒之乡"巴伐利亚,啤酒存在的历史几乎和当地的历史一样悠久,可以追溯到公元前的古罗马时代。巴伐利亚啤酒的历史与当地文化紧密相连,因此啤酒也和天主教息息相关。在阿尔卑斯山北麓上,有条山径直通最原始的巴伐利亚"啤酒天堂"——修士自行酿造黑啤酒的安蝶斯修道院,这里每年吸引着大批游客前来朝圣。

在慕尼黑有座"奥古斯丁"啤酒厂,酒厂的名字也让人们联想到宗教改革领袖马丁·路德所属的奥古斯丁修士团。据说,由于当时每年复活节前6周的四旬斋期间,修士们不能吃肉,他们便任由"大麦汁"自然发酵,最终生成了一种高酒精度的饮料,并将它作为四旬斋餐饮的代替品。为了使教廷准许他们饮用这种美味的饮料,修士们便送了一桶给教皇,教皇品尝后为之倾倒,表示这种饮料可作为"四旬斋餐饮的代替品"及"罪恶的洗涤剂",并准许巴伐利亚的修道院酿造之。这种美味的饮料便是啤酒,据说啤酒的酿造技术就是这样诞生的。

在德国,有种"啤酒与巴伐利亚"的说法,因为世界上再没有哪个地方的啤酒消耗量可以媲美巴伐利亚。巴伐利亚有1100万居民,每个人的年平均啤酒消耗量为230升,换句话说,每个巴伐利亚人(无论男女老少)每天要喝半升啤酒。因此,许多人说:"喝啤酒是德国人最爱的休闲活动,而巴伐利亚人是个中翘楚。"

巴伐利亚美女

二、规模最大的啤酒节

由于德国人将喝酒视为每天的"必修课",各种酒馆、酒屋、小客栈便多似天上的星星,仅人口100万的慕尼黑就有3000多个每天都座无虚席的啤酒馆。作为公认的"啤酒之都",慕尼黑每年秋季都会举行世界上规模最大的啤酒节——十月节。每逢十月节开幕那天,要举行盛大的开幕式和由各大啤酒厂组织的五彩缤纷的游行。开幕式在一个临时搭起的大帐篷里举行,由慕尼黑市市长主持。中午12时,在12响礼炮声和音乐声中,市长用一柄木槌把黄铜龙头敲进一个大啤酒桶内,然后拧开龙头,把啤酒放出来,盛在特制的大啤酒杯中。市长饮下这第一杯,著名的十月节便正式开始了。来自全德国各个州的人们穿上富有特色的民族服装盛装游行,演奏音乐,浩浩荡荡地穿过慕尼黑的市中心,最后来到啤酒节的现场。

为了招徕本国顾客和接待来慕尼黑旅游的外国客人,慕尼黑的八大啤酒厂在节前就在特蕾泽大广场上搭起巨大的啤酒大篷。每个帐篷里放有长条木桌和板凳,大篷的一端还有一个临时舞台,由民间乐队演奏欢乐的民间乐曲。帐篷一般可容纳三四千人,最大的有7000个

慕尼黑啤酒节开幕式

慕尼黑啤酒帐篷

座位。每一个啤酒棚一般都只提供一个酿酒厂的啤酒,为了突出自己的与众不同,每个啤酒厂都把自己的那个啤酒棚修建得富有特色而舒适气派。各帐篷里都由身穿巴伐利亚民族服装的女服务员给顾客送酒。酒客们在喝酒的同时也消耗掉大量的食物,大多是传统的家常小吃,如香肠、烤小鸡、泡菜和烤牛尾等。

在啤酒节上还有很多游乐项目,包括大转轮、旋转木马等老少皆宜的传统项目,还有一些新鲜的节目或游乐项目,如聘请外国的艺术团体演出,还有耍蛇、驯兽等节目。另外,各种游乐设施之间也举办许多有意义的展览会,还点缀了小马戏团、杂耍铺、魔术表演等,把整个游乐场装点得生动活泼。

每年十月节期间,来自德国和世界各地的游客也在增加,啤酒和肉鸡的销售量数目惊人。人们在品尝美食的同时,还会亲身感受到当地的风土人情。慕尼黑啤酒节不仅承载着巴伐利亚地区的民族传统,也是向世界展示德国的大舞台。

拓展提升

青岛原德国租借区的下水道在高效率地使用了百余年后,一些零件需要更换，但当年的公司早已不复存在。城建公司的员工四处寻觅配件公司，后来一家德国的相关企业给他们发来一封电子邮件，说根据德国企业的施工标准，在老化零件周边3米范围内，应该可以找到存放备件的小仓库。城建公司根据这个提示，在下水道里找到了小仓库，里面全是用油布包好的备用件，依旧光亮如新。

思考："德国制造"的精神哪些值得我们学习？

延伸推荐

1.《文化震撼之旅：德国》，[美]罗德著，刘淳译，旅游教育出版社2008年；关键词：德国，历史文化，民族特点。

2.《孤独星球Lonely Planet旅行指南系列：德国》，澳大利亚Lonely Planet公司编，齐浩然等译，中国地图出版社2017年；关键词：德国，风景，文化。

3.《地图上的德国史》，孟钟捷、霍仁龙著，东方出版中心2014年；关键词：德国，地图，历史。

十六　前进吧，新加坡

来吧！新加坡人民，
让我们共同向幸福迈进；
我们崇高的理想，
要使新加坡成功。
来吧！让我们以新的精神，
团结在一起；
我们齐声欢呼：
前进吧！新加坡！
前进吧！新加坡！

"前进吧，新加坡"是新加坡的国歌歌名，也是国家格言。

作为一个蕞尔小国，新加坡一路走来并不容易，1969年的种族暴动和1997年的金融危机对新加坡的影响都很大，不过新加坡都挺过来了，并且用时间来证明新加坡始终是一个稳定而繁荣的小国家……

主题阅读

绿意狮城

新加坡由于其美丽的自然环境和绿色意识，被誉为"世界花园城市"。蓝天、碧海、白云、绿树、鲜花和清新的空气，是新加坡给予游人的最大享受。众所周知，新加坡既无高山大川，亦无名胜古迹，但正是其整体环境的绿化与美化才为它赢得了"世界花园城市"的荣誉。

绿意狮城

渗透于市民生活空间的"生活型"绿化，使我们了解到新加坡的绿化不是点缀性、应景性、暂时性的绿化，而是从骨子里积淀了绿色意识的绿化，是真正融入生活的绿化。在居民小区一排排楼房之间，根本看不到露土的地面，除了通道和台阶，全被绿地和花坛所覆盖。在大面积的草坪上还建有条条石子径，便于行人散步穿越。

至于居民住宅阳台上的盆花和楼顶花园、草坪,更是举目可望的苍翠景色。新加坡小区环境优美与其物业的完善管理密不可分,那里所有小区的管理统一由新加坡建屋发展局负责,该局下辖40个办事处,每个办事处管理两三个小区,约1万至1.5万套房子、4000—6000户居民。物业管理部门负责小区绿化,并编有《绿化须知》《住户手册》等规章条例,倡导政府与居民共同建设与维护小区的优美环境。

新加坡垂直花园住宅

新加坡生活空间绿化

近年来,新加坡致力于绿色环保节能建设,其措施主要体现在废水利用、垃圾处理、发展清洁能源、推广"绿色建筑"四个方面,目前已成为一项国策。水资源短缺的新加坡在"节流"的同时,努力"开源",政府不断增加投入,开发应用新技术,特别是在海水淡化、研发绿色环保车及新生水技术利用方面进展迅速。新加坡利用反向渗透技术开发的新生水,不仅满足了国内的部分用水,有关技术也推广到中东等地。

新加坡垃圾分类

新加坡日产垃圾约8000吨,为了处理这些垃圾,新加坡兴建了4个年处理能力达228万吨的高效垃圾焚化厂。在固体废料的处理与再循环上,新加坡的进展也十分明显,目前,新加坡40%的固体废料可实现循环再利用。实马高岛作为新加坡唯一的垃圾埋置场,预计在2045年达到饱和点,因此,新加坡正着手采取各种环保绿化措施,推动"废物"利用。为此,新加坡国家环境局制定了4个重要策略:第一,用焚化来减少垃圾体积。第二,垃圾循环,推广社区和工业废物循环。第三,减少垃圾埋置场的垃圾，加大循环处理力度，实现"废物"利用。第四，减少垃圾，从源头上抑制垃圾量的增长，设计更好的环保产品。

成立于2008年的杰科公司销售的电动摩托车，是从德国引进的。这种摩托车具备零排放、行驶噪声低等特点，充满一次电需要3小时，续航距离为90千米，最高时速高达50千米，足以应付新加坡城市出行的需要。

实际上，同国外公司进行合作开发本国绿色交通工具的新加坡企业不止一家，新加坡高校也加入到了研发环保汽车的大军中。由新加坡国立大学的学生设计并制造的环保城市概念车，由氢电池提供动力，排放物仅仅是水。为了进一步提高能效，汽车采用单座设置，广泛采用铝和碳纤维做原料，车身重量仅为130千克。低空气阻力的外形设计，让这辆环保车的最快时速达到40千米。虽说阻碍环保车发展的不利因素很多，但总有一天，新加坡的大街小巷会遍布绿色环保车。

新加坡的秘密武器

语言便是文化。当一个人能够了解词语、建筑、声音后面隐藏的含义时，他才能开始在更深的层次上真正了解一种文化。新加坡文化对于许多外国人来说是可以理解、可以领悟的，并深深喜爱的。因为在新加坡，只要有一些英语基础，便能很快适应这里的日常生活。

多民族融合的新加坡

新加坡有四种官方语言（英语、普通话、马来语、泰米尔语），这表明新加坡是一个多元文化国家。将英语作为商务语言，使得这个小小岛国打破闭塞，走到了世界的舞台上。如果你仔细思考，就会发现这种做法是多么具有前瞻性、气概和勇气。因为那时的新加坡没有一个主要种族的第一语言是英语，而且在该地区英语也并不普及。

显然，移民构成、殖民地的历史和决策者意识等几个综合因素使新加坡拥有

新加坡公共标识有四种官方语言

了四种官方语言。从1819年英国人到达这个小岛，到后来不断增加的中国、马来西亚、印度和印度尼西亚移民、工人，新加坡已注定成为东南亚一个独特的国家。

马来语是新加坡的母语，普通话是华裔社群中的官方语言，泰米尔语则是居住在这里的60%的印度人的语言，而英语则是商务和官方语言。实际上所有的新加坡人都会讲两种语言，母语与第二语言——英语（一些人，尤其是年轻一代，以英语为"母语"，他们大多数时候都用英语与家人、朋友交谈）。

新加坡地铁站牌

新加坡大力提倡说母语，因为语言是保留文化、价值观和信仰的重要载体。正是由于政府将英语定为商务语言，将普通话作为占新加坡人口多数的华人的官方语言，才使得新加坡具有较大的全球竞争力。由于精通英语和普通话，这个小岛国确立了独特、令人羡慕的地位，并且还与邻国印度、中国和澳大利亚建立了合作关系。语言成为新加坡的秘密武器，并使得它在今天的国际市场上占有独特的优势。

新加坡路标

对于大多数来新加坡的外国人来说，英语是这里的商务和官方语言实在是令人惊喜的意外收获。但是，新加坡人说的既不是典型的英式英语，也不是标准的美式英语，他们说的是非官方的第五种语言，这种语言应用十分广泛，名字叫作"新加坡式英语"。新加坡式英语是在新加坡历史上逐渐发展起来的，它已深深融入当地人的生活，被当地人喜爱并运用。事实上，新加坡式英语是一种无语法、发音错误，并混合了中国方言、马来语、泰米尔语甚至葡萄牙语的口语。在这里，多种文化相互融合、混合，形成了鲜明的新加坡特征。尽管新加坡式英语有很强的国家特征，但当地政府并不乐意这种语言被广泛应用，因为他们发现这对国家经济和未来似乎有着负面的影响。

小国家，大经济

根据世界银行发布的《2016年全球营商环境报告》，新加坡继续称冠全球，摘得"世界经商环境最好的国家"称号。至此，新加坡已经连续十年保持了这一称号。

新加坡的国土面积只有700多平方千米，为何却能在全球180多个经济体中连续冠绝多年呢？

一、一大"总部"，三大"中心"

一大"总部"，即新加坡是各国公司建立国际总部的首选地点。一直以来，新加坡都是美国、欧洲与日本公司设立亚洲总部的首选地点。由于在新加坡，跨国企业之间可以便利地相互交流、交易，并建立伙伴关系，所以越来越多的亚洲公司将新加坡选为进军全球市场的平台。新加坡政府不遗余力地发展总部经济，在政策上给予针对性的优惠，吸引跨国公司总部入驻。

三大"中心"，即国际金融中心、全球外汇交易中心和国际研发中心。新加坡是全球第四大国际金融中心，其外汇交易量居全球第四位，跨国界贷款居全球第十位，柜面市场衍生交易居全球第十三位。新加坡以诚信、质量、可靠性、法治、效率及严谨的知识产权法和执法政策闻名于世，积极发展知识型经济，在科技研发方面有着卓越的成绩。

新加坡

二、知识产权保护力度大

新加坡政府十分重视知识产权的保护和鼓励,制定了一系列保护知识产权的法律法规,同时通过资金支持等手段积极营造鼓励创新、方便智力成果产业化的科研、政策和商业环境。目前,新加坡已经形成了比较完备的知识产权保护体系。

此外,新加坡还签署了《保护工业产权巴黎公约》和《与贸易有关的知识产权协定》,为企业提供额外保障,以实现最大的知识产权潜能。

三、全球交通枢纽地位

新加坡国家虽小,其地理位置却为其发展提供了得天独厚的优势。它地处马六甲海峡东口,处在太平洋与印度洋的航运要道上,扼守"十字路口"的交通"咽喉",雄踞世界上海运和空运交通枢纽前列。其港口条件非常好,拥有繁忙程度位居世界前列的集装箱码头,与123个国家和地区的大约600个港口相连接,并提供200条运输路线。

此外,新加坡航空物流网也在扩大。樟宜国际机场与60个国家的280个城市相连接,每周大约6900次航班可为乘客和货物提供便捷和有效的服务。

新加坡海港码头

四、自由的经贸投资氛围

新加坡是一个基本上没有关税的国家，自由贸易的程度在全球名列前茅。

早在20世纪60年代末，新加坡政府即在本岛西部裕廊工业区的裕廊码头设立了自由贸易区，为那些利用新加坡作为再出口的公司和企业提供了一个免税区。至今，新加坡已经陆续设立了8个自由贸易区。

对外，新加坡拥有亚洲最广泛的自由贸易协定网络，已经与美国、日本、澳大利亚、新西兰、欧洲自由贸易联盟成员国、海湾合作委员会、东盟、约旦、中国、智利、韩国、印度、巴拿马等主要经济体签署协议。

此外，新加坡已签署42项投资保证协议，旨在帮助保护在新加坡注册的公司在其他国家和地区的投资，以减低非商业风险。

五、全球顶尖的人才资源库

新加坡严格实行人才治国战略，重视对国民的道德教育和科技教育。新加坡前总理李光耀曾说："治国的成功之道就是栽培优秀的人才，罗致更多的人才，提高政府素质和生活的素质。"

新加坡拥有全球顶尖的人才资源库，他们被公认为具有高水平的生产力、技术能力以及积极、正面的工作态度。

新加坡国家科技局有十二间研究中心，从事多种科技领域的工作（包括信息通讯、纳米技术和制造生产等方面），吸引了各类人才，包括领先的本地研究员以及来自欧美和亚太地区的海外专家。

全球交通枢纽地位，加上亚洲最完善的贸易协定网络，以及优越的连接性和基础设施，为本地和国际公司实现更好的市场准入和贸易流动创造了条件。

拓展提升

在新加坡流传着这样一个故事：多年前，一位美国青年到新加坡旅游时在公交车里涂鸦，污染了公交车的内壁。为此，新加坡政府对他处以5000美元罚款并拘留1个月。美国政府为此事抗议，但新加坡政府的回答是：维护优美环境是新加坡公民及每个入境者必须严守的法定公德，违者依法惩处治罪理所当然，法律对任何国家的公民均不例外。

这件事长期以来传为美谈。新加坡环境清洁美丽，法律政纪严明，管理井然有序，社会安定文明，是一个现代化的法治国家。他们崇尚"法律之上没有权威，法律之内最大自由，法律之外没有民主，法律面前人人平等"，主要表现为：

1. 完备的法律体系，严密的法网覆盖了社会经济生活的各个方面。

2. 良好的社会秩序，建立了有法必依、执法必严、严刑峻法的"治理"模式。

3. 高层领导带头执法、守法、护法，用表率彰显法律面前人人平等。

4. 一套严格的执法机制和执法手段，以及素质精良、实权在握的监督稽查队伍，通过建立严密的法律监督体系来保障清正廉明。

思考：健全、严格的法律制度对一个国家的经济、文化、环境建设的重要意义是什么？

延伸推荐

1.《新加坡为什么能》，吕元礼著，江西人民出版社2007年；关键词：新加坡，和谐社会，治国方略。

2.《新加坡人这样过生活》，但敏著，旅游教育出版社2011年；关键词：新加坡，文化，生活。

3.《悦读天下：狮子城新加坡》博锋主编，外文出版社2013年；关键词：新加坡，人文历史，城市风光，自然。

4.《文化震撼之旅：新加坡》[新加坡] 玛丽恩·布拉沃·贝辛，赵菁译，旅游教育出版社2008年；关键词：新加坡，文化传统，日常生活，旅游乐趣。

十七　屎壳郎留洋

在最初的一段时间里，澳大利亚是一块被遗忘的土地——直到一次偶然的遇见。

在后来的一段时间里，澳大利亚又是一片被遗弃的土地——那里成为罪犯的流放之地，当土著居民被大量屠杀，人们想到的是野蛮，感受到的是残忍。

再后来，那片在大多数人的记忆空白中的流放地上，各国移民发挥自己的聪明才智、奋发图强：他们开荒种田，成了"手持麦穗"的国家；他们发掘煤、铁矿，变成了"坐在矿车上"的国家；他们引进绵羊，造就了"骑在羊背上"的国家；他们引进屎壳郎，利用生物技术解决了生态危机……

如今，人们豁然发现，这片土地上的人们是如此富裕和彬彬有礼；如今，这里的风景是如此引人入胜、浑然天成；如今，世界各地的人争相移民到此……

不要用一种猎奇的眼光看待这片土地，它从不曾离开，只是被我们忽略太久……

主题阅读

"孤悬海外"的动物王国

早在5000万年前，澳大利亚大陆就同其他大陆相分离，孤立于茫茫大洋之中。封闭的环境、特有的物种，使澳大利亚成为"孤悬海外"的动物王国。

袋　鼠

袋鼠是澳大利亚的标志，是澳大利亚人生活中的一道重要风景。袋鼠的种类有50多种，身长从30厘米到3米不等，有的像人一样高大，有的如猫一般矮小。欧洲人把它们称为"坎加鲁"（kangaroo）。关于"坎加鲁"一词的来历，还有一段趣闻。

袋鼠

据说在200多年前的一天，英国航

海家库克船长来到澳大利亚东海岸。当他生平第一次看到这种拖着美丽的长尾巴、怀藏可爱小宝贝、跳跃着前进的奇怪动物时,感到非常新奇。于是,他询问一个土著人这是什么,那个土著人不懂库克船长在说些什么,便随口答道:"kangaroo"。从此,这种跳跃着前进的动物便以"kangaroo"之名写进了英文词典里。其实,那个土著人随口说出的"kangaroo"是土著语言"不知道"的意思。

考拉

考拉(koala)在澳洲土著语中的意思是"不喝水",但这不意味着考拉真的不喝水。事实上,考拉平时基本是通过自己摄取的食物来补充水分,只有干旱或生病时才会喝水。

考拉

考拉每天大部分时间都在睡觉,或是懒洋洋地抱着树干"思考人生",模样十分可爱。不过一项研究显示,考拉总是抱着树干,并不是因为它们"太懒",而是树干可以起到散热器的作用,防止它们身体过热。

鸸鹋

鸸鹋也是澳大利亚的特有动物,样子像阿拉伯沙漠中的鸵鸟,不过它比鸵鸟更高大,是世界上最大的鸟类之一,一般身高均达1米多,体重达几十斤。鸸鹋的样子很滑稽,细长的腿,伸着长长的脖子,托着一颗小脑袋,张开扁而阔的大嘴,昂首阔步,气概不凡,对人类非常友善。鸸鹋不会飞,但善于游泳,更擅长奔跑,凭着一双"飞毛腿",每小时可跑60—70千米,并能连续奔跑,因此赢得了"长跑运动员"的美誉。

鸸鹋

鸭嘴兽

1799年,几位英国动物学家在澳大利亚考察时发现了一种奇怪的动物:它的身上密布着柔软的细毛,身后有个扁平的尾巴,四足都有蹼,趾端还有爪,乍看起来与鸟类的鸭很相像,却又有兽的皮毛;它以产卵来繁殖后代,却又以哺乳来喂养幼仔。这究竟是鸟,是兽,还是爬行类动物?这个"悬案"在动物学界争论了将近100年,原因是这种动物分布范围极为狭窄,仅分布于澳大利亚大陆南部及塔斯马尼亚岛,使研究工作受到限制。直到19世纪80年代,动物学家才把它归属为哺乳动物,取名"鸭嘴兽"(亦称"鸭獭")。

鸭嘴兽身长40—50厘米,腿短粗,趾间有蹼,便于游泳,尤其那长满粗毛的尾巴,在游泳时可充当"舵"的作用。鸭嘴兽口腔内有个颊囊,捕食时会将猎物(如蜗牛、蠕虫、水中昆虫等)与泥水一同吞入口中,然后将泥水吐出,直至颊囊贮满食物后,再返回巢中慢慢享用。

鸭嘴兽

两个"外来户"

凡到澳大利亚的人,参观牧场、观看剪羊毛比赛、购买与羊有关的制品是必选项目,那一望无际的牧场,蓝天、白云、绿草、羊群,令人陶醉。羊会给每个人带来欢乐,留下深刻的印象。

澳大利亚牧场

澳大利亚素有"骑在羊背上"的国家的美誉。目前,澳大利亚有1.8亿至2亿只羊,占世界总羊数的1/6左右,人均占有羊的数量为9至10只,是世界上人均占有羊数量最多的国家。

然而,澳大利亚是南太平洋上的一个大孤岛,是谁最先把羊这种澳洲大陆原本没有的动物引入这块乐土的呢?在澳洲流传有这样一个故事:200多年以前,当欧洲白人首次踏上澳洲大陆时,当地并没有羊。1791年,英国军人麦克阿瑟中尉来到了悉尼。他不仅是名军人,而且还是位颇有眼光和头脑的商人和养羊专家。他到澳大利亚以后,发现那里天然优质牧草丰富,气候温和,阳光充足,又没有大型食肉猛兽,是适合放牧的良好场所。于是在1797年,麦克阿瑟从一名商人手中买了30余只美利奴羊，开始在新南威尔士殖民区放羊。从此，羊在澳大利亚迅速繁殖起来，并逐渐成为向英国不断输送廉价羊毛的供应地。

剪羊毛

在澳大利亚，每年的8月14日，牧羊人要为羊过一次节。当太阳升起的时候，牧人们开始燃放爆竹焰火，向自己饲养的羊群贺喜，然后赶着羊群到一块水草丰美的地方放牧，让羊群好好地美餐一顿。往常牧人们在驱赶羊群时，免不了因为羊不听话而鞭打几下，而在这一天，牧人们一反常态，对羊群格外关照，不仅不会鞭打羊群，还任其自由吃草、追逐、玩耍，以表示对羊群的节日祝贺。在这一天，许多牧羊人都自觉地暂停吃羊肉、剪羊毛，以示对羊的"忏悔"。

除此之外，澳大利亚还从国外引入了一种动物，这便是世界上最彪悍的动物——屎壳郎。屎壳郎可以拉动等于自身重1141倍的重物——相当于70千克的人举起80吨重物（6辆满载双层巴士的重量），而且屎壳郎特别勤劳，是名副其实的"地球清道夫"。

澳洲草原广阔，畜牧业很发达，全国2800万头奶牛一天大约要产生3亿个粪堆，牛粪堆积在草场上，风干硬化，使得被遮压的牧草枯死，草场上出现了块块秃斑。而且，每个牛粪堆在一周之内约可繁殖3000只苍蝇，在当时，如果你看到路口执勤的交警手臂不停挥动，可能并不是在指挥交通，而是在驱赶脸前的蝇群。

其实，澳大利亚也有屎壳郎，但这里的屎壳郎只对袋鼠粪感兴趣。经过多年探索，1978年，澳大利亚同中国签订了一份大量购买中国屎壳郎的合同，引进了吃牛粪的屎壳郎。中国屎壳郎在为澳大利亚减少蚊蝇、降低一氧化二氮等温室气体排放、增加草场生产率和改善水质、保持畜牧业繁荣等方面做出了杰出贡献。

昔日流放地，今日移民国

澳大利亚，一个用来流放犯人的地方，最终变成了一个发达富裕的国家。历史上的澳大利亚并没有侵略掠夺过其他国家，也没有什么经济基础，在殖民者到来以前，这里基本上是原始社会。

流放之地

虽然澳大利亚是英国的殖民地,但最早到达这里的欧洲人是荷兰人,他们对澳大利亚的评价很低,认为这是一块荒凉贫瘠的土地,没有黄金,没有开发的价值。

1768年,英国的库克船长率领探险船队来到了这里,他们对澳大利亚的发展起到了重要作用,其中库克船长的作用最大,被称为"澳大利亚之父"。库克船长把澳大利亚描绘成了土肥草茂的地方,推翻了荷兰人的悲观论调。

库克船长小屋的库克船长雕像

澳大利亚之所以会成为罪犯流放地,与英国人一向把罪犯送到海外殖民地的习惯有关。独立以后的北美,不再接受来自英国的罪犯,英国政府便开始着手寻找解决这个问题的办法。这时,一个参加了库克探险的人给内政大臣汤马斯·汤森·悉尼写了封信,主张发展澳大利亚这块殖民地。悉尼看到了信,很重视,决定把罪犯送到那里。当然,悉尼并没有预计到澳大利亚的美好未来。后来,这个城市便以他的名字命名,以褒奖他的贡献。

罪犯在澳大利亚开荒

移民国家

1787年,第一艘运送罪犯的船离开英国,驶向澳大利亚。对于这次航行,英国方面并不是特别重视,船上的人基本上只是罪犯和看守,没有太多的技术人员。他们上岸以后,发现找不到会干活的人,陷入了困难之中。澳大利亚总督向英国政府几经请示,政府终于派来了50名自由农民,在他们的技术支持下,农业果然大有改观,新开了好几千亩土地,农作物产量增加不少。看到招揽自由农民的政策如此有效,总督决定把这种政策推广开来,制定更多的优惠政策,吸引人们前来澳大利亚。他们使英国人相信,去澳大利亚已经不再意味着流放和艰苦,而是更大的机会和更美好的未来。

发达城市悉尼

随着移民的增多,澳大利亚社会经济的各个方面都逐渐发展起来。19世纪20年代以后,悉尼已是发达大城市的面貌。在澳大利亚,人们已经可以享受到与英国本土同样的生活水准,也许还会更好。

拓展提升

澳大利亚原本是没有兔子的,殖民者在开发澳大利亚的初期,引进了欧洲的兔子。澳大利亚温暖的气候、丰富的牧草,为兔子提供了良好的生存条件,加上澳大利亚缺少兔子的天敌,兔子就开始以惊人的速度繁殖起来。庞大数量的野兔消耗了大量的牧草,还在草原上到处挖洞筑穴,毁坏了牧草的根,造成草场的大面积退化,畜牧业产值开始大幅度下降。澳大利亚政府紧急号召人们捕杀野兔,并出资制定奖励措施。但是,由于野兔数目实在太多,繁殖又快,收效甚微。

正当人们束手无策的时候,澳大利亚的科学家发现有一种可以在野兔中间传播致命病毒的蚊子。此病毒只对野兔造成致命危害,而对其他动物影响较小。在随后的几年里,由蚊子传播的病毒迅速蔓延至整个澳大利亚,野兔的数量才逐渐减少。20世纪60年代,科学家开始利用转基因技术改造病毒进行防治。若雌野兔感染了这种病毒,会产生抗自身卵子的抗体,可以损坏卵子并阻止受精，从而减少野兔的繁殖，最终达到减少野兔数量的目的，野兔的密度终于减少到可以接受的程度。

思考：结合屎壳郎和蚊子的实例，分析地理环境、物种引进对生态系统的塑造与重建有哪些作用。

延伸推荐

1.《澳大利亚文化博览》，李常磊编著，世界图书出版公司2004年；关键词：澳大利亚，社会，文化。

2.《致命的海滩——澳大利亚流犯流放史：1787—1868》，[澳]罗伯特·休斯著，欧阳昱译，南京大学出版社2014年；关键词：澳大利亚，流放制度，历史背景，流犯生活。

十八　喜山南边的宝莱坞

这个国家拥有无数的自然美景，其中排名第一的当之无愧是喜马拉雅山，它是冒险者的最爱，不但有圣母峰坐落其中，而且还将这个国家与其他亚洲国家分隔开来。

这个国家有十几亿的人口，根深蒂固的种姓等级制度流传至今，到处都混杂着传统与现代的风俗民情。

这个国家将瑜伽和西洋棋带给世人。从孟买的宝莱坞电影工业，到文化重镇加尔各答，以及现代化首都新德里，这个国家可说是正走向世界。

印度，着实是一个需要被人好好探索的古老而又年轻的国家。

主题阅读

不可思议的印度

印度旅游局的官方宣传口号"Incredible India"（不可思议的印度），去过印度旅行的人的确都有这样的感触。

一、像打酱油一样打牛奶

印度政府大力推广"牛奶普及工程"。印度的牛奶价格便宜，据说1升牛奶价格在4元人民币左右，而且是绝对新鲜的鲜奶。当然，商店里也售卖各种包装的奶制品，价格会稍微贵一点。"牛奶工程"让印度的所有人都可以喝得起牛奶。在印度，经常会看到爷孙俩或者母女俩开心地打回当天全家人的牛奶，骑上车回家，也会看到单独出来打牛奶的孩子，就像我们小时候出来给家里打酱油一样。

印度儿童打牛奶

二、生女孩赔钱？

印度人重男轻女，尽管印度发展非常快，但这一观念还是根深蒂固。在印度，如果生了女孩，一家人都会不高兴，因为在这个女孩出嫁前，父母需要给她存够60万卢比（相当于10万人民币）的嫁妆。在消费水平相对低的一些地区，这个数字对于一个家庭是不小的压力。而且，现在虽然很多印度女子结婚后都不再外出工作，但让她们读完大学，已经成为有支付能力家长的共识。

三、女人的衣服有多艳？

沙丽是印度女人最美的服装，无论长幼，女人们都喜欢身着超级艳丽的沙丽。即使是在工地干活的妇女，虽然沙丽都已经沾满污渍，但她们挺起身子，在工地尘土间，沙丽让她们依然身姿绰约。

在印度人眼中，艳丽的色彩好比花朵，象征着非常旺盛的繁育能力，而女人艳丽的沙丽，自然是最性感的文化表达。

四、都市里的贫民窟

在印度，遇见乞讨的孩子和老人的概率很高。印度没有户籍制度，大量贫困人口涌入城市不肯离去，而城市没有那么多就业机会，为他们提供良好的福利，于是他们驻扎在城市的外围，形成一道城市的疮疤——贫民窟，而这个问题在很长一段时间内政府都无法解决。

印度贫民窟

五、世界奇观之美

印度的美丽独一无二，它的震撼之美，来自很多美丽的城堡、历史的遗迹、世界奇观，那些都是令人匪夷所思的奇迹。泰姬陵是印度的标志，它是一座纯白色的大理石宫殿，用玻璃、玛瑙镶嵌，具有极高的艺术价值。这座世界建筑奇迹背后其实有一段哀怨缠绵的历史。印度莫卧儿帝国的皇帝沙贾汗的宠妃泰姬在生下第14个孩子后香消玉殒，沙贾汗悲痛万分，动用了王室的特权，倾举国之力，耗无数钱财，用22年的时间为爱妻建造一座世界上最美丽的陵墓。

六、如何搭车最省钱？

在印度，交通混乱的程度让人相当吃惊。印度人乘车时，恐怕是世界上最蔚为壮观的挤车场面——好像肉包子一样，要尽量往"皮"里多塞点"肉"。例如，一个小机动三轮车少说也要挤20位乘客车里挤不下，就挤到车顶上，然后顶着风一路飘回家。人们之所以这样热衷于"拥挤"地搭车，是因为它奇特的计价方式——按里程算价格，然后根据乘客人数平分，所以人越多路费越便宜。

印度人搭车

千年的种姓制度

根据种姓制度，印度社会分为四个等级，这四个等级在地位、权利、职业、义务等方面有严格的规定：

第一等级是婆罗门，主要是僧侣贵族，拥有解释宗教经典和祭神的特权；

第二等级是刹帝利，是军事贵族和行政贵族，他们拥有征收各种赋税的特权；

第三等级是吠舍，是雅利安人自由平民阶层，他们从事农、牧、渔、猎等，政治上没有特权，必须以布施和纳税的形式来供养前两个等级；

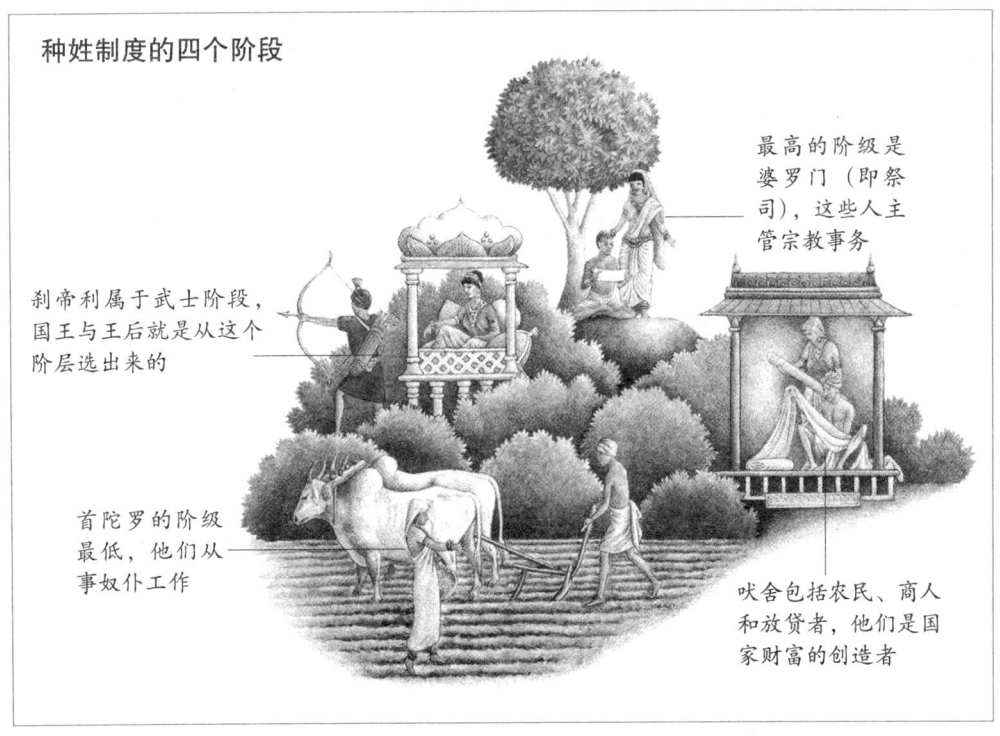

种姓制度的四个阶段

最高的阶级是婆罗门（即祭司），这些人主管宗教事务

刹帝利属于武士阶段，国王与王后就是从这个阶层选出来的

首陀罗的阶级最低，他们从事奴仆工作

吠舍包括农民、商人和放贷者，他们是国家财富的创造者

第四等级是首陀罗,属于非雅利安人,绝大多数是被征服的土著居民,即奴隶,他们从事当时被认为是低贱的职业,如抬尸、扫街等。

除此之外,还有一种被称为"不可接触者"的贱民,他们的社会地位最低,最受歧视,绝大部分为农村贫雇农和城市清洁工、苦力等。

一、"顺"昌"逆"亡的内婚制

种姓是世袭制的。祖先属于什么种姓,这个种姓就会跟着他一辈子,乃至他的子孙,烙印着整个家族。贵族终身为贵族,贱民则终身为贱民,世世代代,一直如此。各个等级之间高低贵贱有别,下一等级的人没有资格从事高一等级的职业,不同级别的人通婚极其困难。

印度高种姓年轻人的奢华婚礼

印度教中,各个种姓间很少通婚,但并非绝对禁止。高种姓的男子娶低种姓的女子这样的"顺婚"是可以的;但反过来,低种姓的男子娶高种姓的女子这样的"逆婚"是绝对禁止的,一旦发生,往往是低种姓的男子被处死,高种姓的女子也被处死或被剥夺种姓成为贱民。

由于顺婚的存在,低种姓的人虽然不能提高自己的种姓,但可以提高自己后代的种姓。例如,首陀罗阶层想要提升地位,只有首陀罗女子与婆罗门男子处于夫妻情况下所生之女又与婆罗门男子通婚,如此继续,在第七代才可以成为婆罗门。而这种达到最高种姓的时间粗计最少也需140年以上。

二、连影子都是脏的

不同种姓之间不能通婚,有的甚至不能在一起吃饭、同饮一口井里的水。贱民阶层更是高种姓群体绝对不能触碰的,就算在太阳下一不小心踩到贱民的影子,也会被认为受到了污染。

长期存在的种姓制度给印度社会带来了灾难性后果,人们不得不遵守固有的社会秩序,终其一生都无法逃离枷锁。到了近代,它已经显现出最顽固、最腐朽的本质,它的等级性、封闭性和守旧性严重限制了人们的社会交往。

种姓与种姓相互对立,所有成员之间的普遍排斥和相互隔离是与生俱来的。这就导致社会共同体缺乏内聚力,难以形成共同的民族意识,使其在面临外敌入侵时不能组织起强有力的抵御外敌的力量，造成历史上不断遭受外敌入侵的局面。这样一个社会，很容易成为侵略者的战利品。

三、摘不掉的"紧箍咒"

印度圣雄甘地曾坚决反对种姓制，勇敢地称1.67亿贱民为"神之子"。

如今，印度宪法第15条规定"任何人不得因种姓、宗教、出生地而受歧视"，第17条明文规定废除"不可接触制"。为了保证低种姓人和贱民的教育和求职权利，印度还实施了著名的"保留政策"，不仅在议会两院为他们保留了一定比例的席位，而且在所有政府机构和国有企业中为他们保留高达27%的名额。

另外，低种姓出生的学生现在也有一定比例的升学名额。在今天，印度人的身份记录里已不再有任何关于种姓的记载。但是，种姓制度对今天的印度社会特别是印度农村仍然保留着巨大的影响。

随着社会的发展，种姓制度对印度政治、经济、文化、社会方方面面的影响从表面消失或变相消失也许是容易的，但真正要从人们的思想、习惯、观念上完全消失，却是很难实现的。虽然种姓制度如此不公，但印度也鲜有游行暴乱，低种姓和"不可接触者"反而是各安天命，理所当然地承受着苦难，这也是源自宗教的信念。

造梦工厂宝莱坞

在印度，人们常说："宁可错过一顿正餐，也不能少看一场电影。"电影，不但在印度普通民众的精神文化生活中扮演着重要的角色，也在一定程度上反映着当代印度社会的变迁，乃至成为印度文化的代表之一。几乎每时每刻，全印度都有许多人追逐着梦想来到宝莱坞，希望终有一日成为大荧幕上闪亮的一员。

这里有刚刚步入影坛、信心满满的青春丽人；这里有从农村一路闯到大都市，笃信自己一定会成功的文艺青年；这里还有放弃了在印度"硅谷"班加罗尔的工作，追逐自己梦想的电影配乐作曲家。在外人乃至亲朋们看来，这些追逐梦想的年轻人在孟买的生活也许有一

宝莱坞（Bollywood）是位于孟买的印度电影工业基地的别名，是将孟买（Bombay）和美国好莱坞（Hollywood）两个地名连接而成的

些艰苦,但对他们自己来说,物质上的缺乏并没有什么,追求梦想的过程带来的满足感才是最重要的。他们年轻、自信,从小在宝莱坞电影编织的美梦中长大,他们现在来到宝莱坞继续编织属于自己的梦。

这些在宝莱坞追梦的演员一朝取得成功,成为大荧幕上的巨星,他们的工作就从追梦变成了造梦,他们在华美的场景里用力地舞蹈、尽情地歌唱,为十几亿普通印度电影观众营造出有别于他们日常生活的美轮美奂的梦。

印度人爱看这些带给人美好的电影,尤其对那些生活在贫穷、疾病乃至痛苦中的人们,宝莱坞电影是对他们最好的精神安慰。宝莱坞资深电影评论家、电影业观察员库马尔·辛格在谈到为何宝莱坞电影在印度如此流行时说:"印度是个大国,有许多人口,电影是人们最廉价的娱乐方式。去看一场舞台演出是很昂贵的,但是只要步入影院,你就能在电影中得到和舞台上一样的所有的娱乐因素。电影是印度大众最廉价的娱乐方式,而且大众需要它,对印度人来说它已经成了一种生活必需品。为了保证所有人都能看上电影,印度一些地方政府通过各种方法控制电影票价。比如,现在在德里和孟买等大都市,一

绚丽的色彩,夸张的表演,热闹劲爆的歌舞,加上各路超级明星,构成了五彩缤纷的宝莱坞

张电影票要卖到150—300卢比（约合人民币20—35元），而在一些小城镇和乡下，一张电影票只需要20—30卢比，约合人民币2.5—3.5元。"

  印度的宝莱坞，是一个梦想云集的地方，有一些人来到这里追逐梦想，而宝莱坞则通过电影为更多的人制造梦想。尤其是对那些身处艰苦环境中的印度观众，电影为他们打造了一个与他们日常生活迥异的梦幻般的世界。而正是这种追梦与造梦之间，电影业在印度得到了最大程度的繁荣。

拓展提升

  一项调查结果显示，2017年印度1%的巨富阶层掌握了73%的国家财富，而在2016年这一数字还为58%。这表明印度贫富分化严重，收入不平等现象令人担忧。该调查还发现，在印度农村最低工资的工人需要941年的时间才能获得印度一家领先制衣厂的高管一年的收入；而印度女性员工的收入常常处于困境，10个亿万富翁中有9个是男性。

  印度虽然是一个发展中国家，拥有大量贫困人口，但是印度的富人却"富得流油"，100多万美元一辆的宾利豪华轿车在印度市面上竟然供不应求。在印度，五星级酒店的客房每晚收费超过300美元，住客率却几乎爆满。在酒店门前，蓝博基尼、宾利等豪华车多得让人目不暇接。有印度学者为此感叹："印度拥有亚洲最多的亿万富翁。"面对富裕阶层的炫富行为，贫民阶层却毫不介意，他们认为生活本来就是上帝安排的，许多人也就安于现状。

  思考：从种姓制度、宗教等方面分析，造成印度贫富差距巨大的原因是什么？

延伸推荐

  1.《千年一叹》，余秋雨著，作家出版社2012年；关键词：恒河，国门奇观。

  2.《列国志：印度》，任佳、李丽编著，社会科学文献出版社2016年；关键词：印度，政治，历史，经济，社会，文化，外交。

  3.《印度的宗教：印度教与佛教》，[德] 韦伯著，广西师范大学出版社2010年；关键词：印度教，佛教，历史文化。

  4.《种姓与印度教社会》，尚会鹏著，北京大学出版社2016年；关键词：种姓制度，起源与发展，印度教社会。

图书在版编目（CIP）数据

地理来了. 2 / 甄鸿启主编. —济南：济南出版社，2018.1

ISBN 978-7-5488-2969-0

Ⅰ.①地… Ⅱ.①甄… Ⅲ.①中学地理课–初中–教学参考资料 Ⅳ.①G634.553

中国版本图书馆 CIP 数据核字（2018）第 004768 号

本书部分文字与图片作者无法取得联系，在此深表歉意。敬请作者及时与我们联系，我们将按国家有关规定支付稿酬并赠送样书。联系电话：0531-86131713

出 版 人	崔　刚
项目策划	周家亮
责任编辑	王小曼
封面设计	胡大伟
出版发行	济南出版社
地　　址	山东省济南市二环南路 1 号（250002）
发行热线	0531-86922073（省内）　0531-67817923（省外）
印　　刷	肥城新华印刷有限公司
版　　次	2018 年 1 月第 1 版
印　　次	2018 年 7 月第 1 次印刷
成品尺寸	170mm×240mm　16 开
印　　张	8.25
字　　数	123 千
定　　价	32.00 元

（济南版图书，如有印装错误，请与出版社联系调换。联系电话：0531-86131736）